安積の史蹟めぐり

髙橋貞夫

歴史春秋社

目次

郡山市旧郡山市地区

郡山市西田町地区

郡山市旧郡山市地区

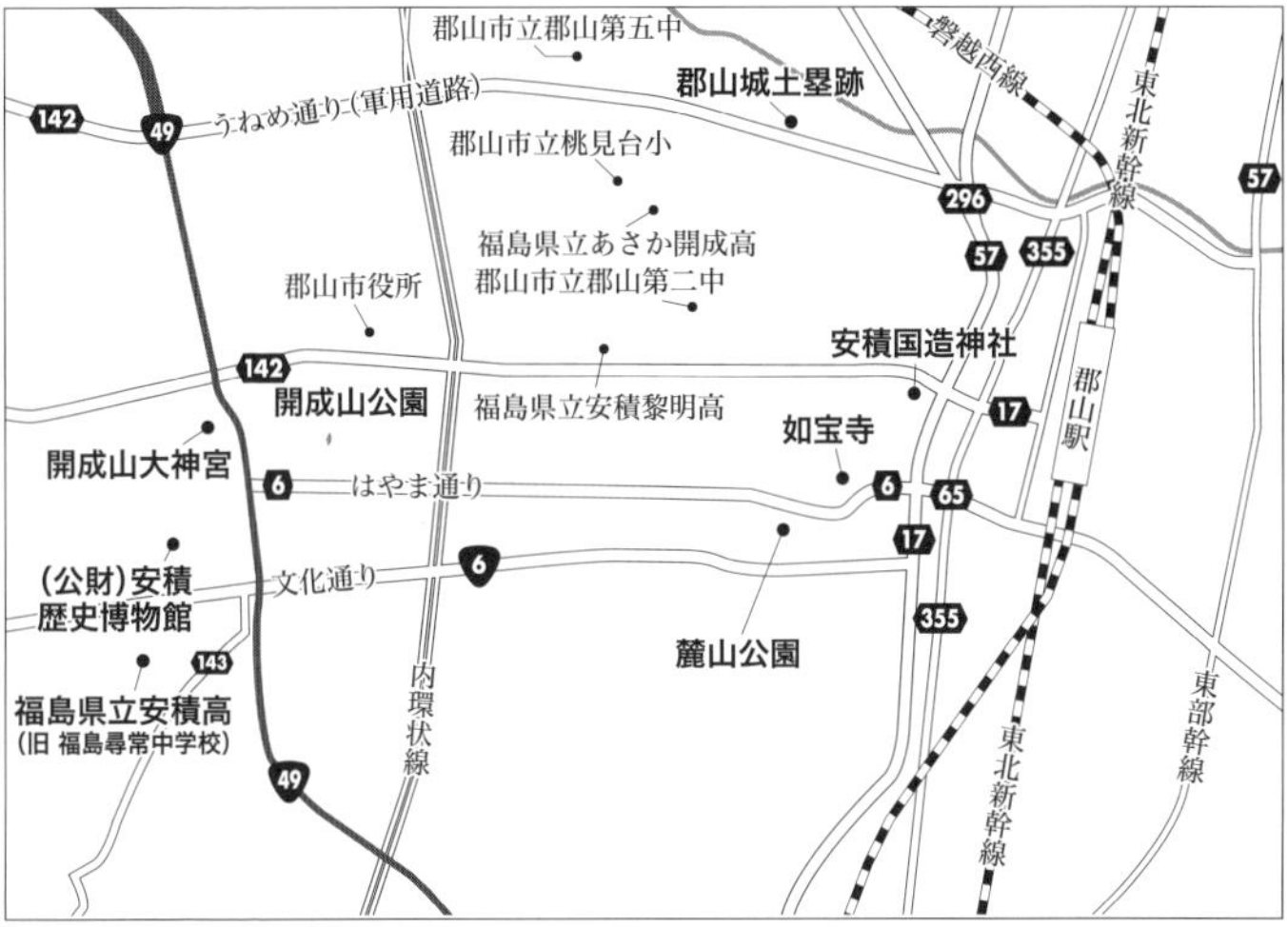
郡山市立郡山第五中
郡山城土塁跡
郡山市立桃見台小
福島県立あさか開成高
郡山市立郡山第二中
郡山市役所
安積国造神社
開成山公園
福島県立安積黎明高
如宝寺
開成山大神宮
(公財)安積
歴史博物館
福島県立安積高
(旧 福島尋常中学校)
麓山公園
うねめ通り(軍用道路)
はやま通り
文化通り
内環状線
磐越西線
東北新幹線
東部幹線
郡山駅
142
49
296
57
355
17
6
65
143

清水台遺跡と安積《あさか》郡衙

清水台遺跡は、郡山市の中心街にある清水台町・赤木町・虎丸町一帯に広がる遺跡である。

郡山市街を南北に走る国道四号線を境に、東側（JR郡山駅側）の低位段丘と西側の高位段丘に分かれるが、遺跡は逢瀬川の段丘にも連なる西側段丘の東縁に位置する。

清水台付近から、沢山の古瓦や焼米が出土したことは、江戸時代の書物にも、その記録が残されている。享保十三年（一七二八）今泉道清の著『虎丸長者の古事』に「虎丸・長者屋敷・上台には、五〇～六〇年以前は瓦が畑の境に山ほど積み重なり、皿沼《さらぬま》の南畑から焼米が出、長者殿の礎石が一〇個も出た」と書いている。

また『相生集』にも、皿沼南と力持の二か所から焼米が出土したこと、清水台町と赤木町が

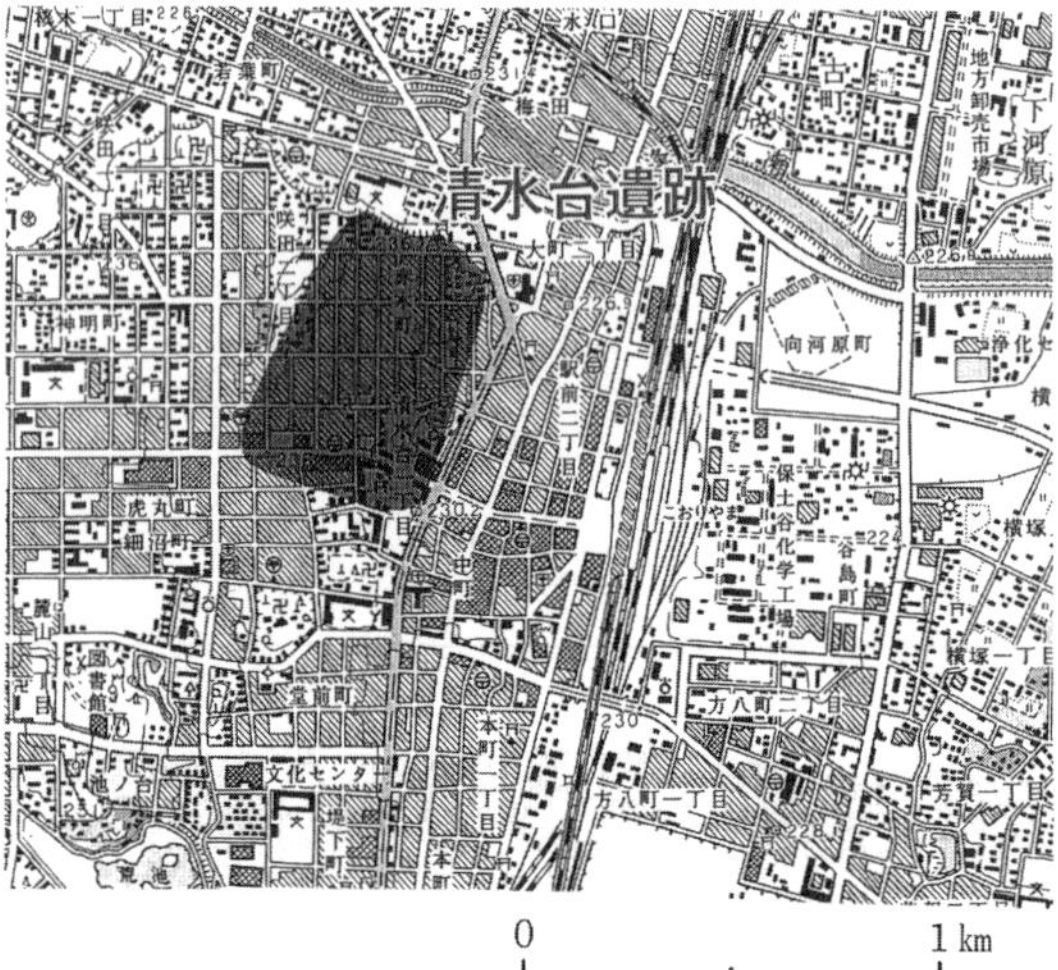

清水台遺跡の位置（『清水台遺跡と古代の郡山』郡山市教育委員会提供）

接する辺りは土器の出土が多く、土師器《はじき》に「厨」などと書かれた墨書銘土器が数点出土したこと、皿沼の池畔の畑から長方形で獅子鈕《ひも》の付いた「政清」と読む古文字で書かれた銅印や八幡の畑の中からも「清」と古文字で書かれた、縁の厚い銅印が出たことが記されており、これらのことから、この辺りが鎮守府の置かれた国府台であると考証されている。

清水台遺跡の現況は、ビル・商店・住宅が立ち並ぶ繁華街となっているため、これら建物が取り壊される時に発掘調査が行われ、昭和三十九年の第一回調査から平成二十五年まで、三〇回、五五地点の発掘調査が行われた。しかし一か所当りの調査面積は狭く、遺跡全体の様子は把握しにくかったが、四九年間の発掘調査の積み重ねにより、遺跡のおおよその規模は、東西約四〇〇メートル、南北約六〇〇メートルにわたり、面積はおよそ一万三〇〇〇平方メートルに及ぶと推計された。そして出土遺構と遺物から見て陸奥国安積郡衙であると推定されている。

『相生集』記載の古印
上は「政清」、下は「清」
（『郡山市史１』）

安積郡の名が歴史上に登場するのは、『続日本紀』の養老二年（七一八）の条に、石背国《いわせのくに》を構成する郡に「安積郡」と書かれているのが初見で、大化の改新（六四五）からさほど離

郡衙の屋根を飾ったと思われる瓦類（『清水台遺跡と古代の郡山』郡山市教育委員会所蔵）

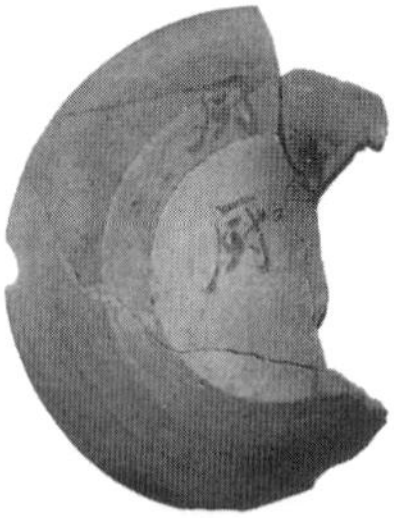

「厨」と墨書された瓦片（『清水台遺跡と古代の郡山』郡山市教育委員会所蔵）

れない時期に安積郡衙が整備されたと推測される。

郡衙の構造は、古代の記録から見ると、正（政）庁（郡司や郡の役人が執務する建物）・正倉（住民が税として納めた米・絹などを収蔵する倉庫）・館《たち》（郡司や郡の役人が住む建物）・厨家《くりや》（郡役所に飲食を提供する建物）などがまとまりを持って構成され、溝《みぞ》や塀などで区画されていたとされる。

清水台遺跡の中で、建物の役割が唯一判明しているものは厨家である。平成三年の一五次調査で、井戸を中心として掘立柱建物跡・竪穴住居跡が規則性を持って配置されている部分が見つかり、その出土遺物の中に「厨」と墨書された土器があった。

瓦類は、安積国造神社《あさかくにつこじんじゃ》から鐘堂公園《かねどうこうえん》の辺りにかけて最も多く出土しており、古代での瓦葺建物は大変珍しいことから、ここが郡衙の中心的建物である政庁や正倉があった場所でないかと考えられている。

郡衙の西に当る咲田遺跡や虎丸遺跡からは、奈良・平安時代の竪穴住居跡や掘立柱建物跡が見つかっており、郡衙ともつながりのある建物群と思われる。

　これまでの清水台遺跡の発掘調査で出土した遺構・遺物を合計すると、掘立柱建物跡三五棟・柵跡六列・井戸跡一か所・土坑多数・溝跡二四条のほか、軒丸瓦・軒平瓦・平瓦・丸瓦・熨《の》斗《し》瓦・土師器・「厨」「曹」などと墨書された土器・鉄釘・刀子が出土している。

　郡衙に近接して郡寺があることは一般的に知られているが、安積郡衙にも存在したはずの郡寺はまだ見つからない。清水台遺跡は、かつて「清水台廃寺跡」と呼ばれ、古代の寺院跡と考えられていたが、昭和五十年頃から安積郡衙と評価され、遺跡名も「清水台遺跡」と呼ばれることになった。

　今後発掘調査が進めば、清水台遺跡の範囲内或いは近くに郡寺が見つかることが期待されている。

清水台遺跡から出土した土師器と須恵器（『清水台遺跡と古代の郡山』郡山市教育委員会所蔵）

安積郡衙に瓦を供給した麓山瓦窯跡《はやまがようあと》

麓山瓦窯跡は、清水台遺跡の南方、地続きの台地の東斜面に築かれた窯跡である。

昭和三十三年に、麓山公園内にある麓山神社付近で遊んでいた子供が一枚の古瓦を見つけた。さっそく発見付近の発掘調査が行われると、古い瓦焼窯の跡であることが判明した。

窯は五基見つかったが、すべて山の斜面を利用した登窯で、そのうち三つは粘土でドーム状に屋根を付けた半地下式の無階無段の窯、他の二つは、横穴を掘った地下式の無階無段の窯で地面に三条の火道が付けられていた。

登窯（麓山瓦窯跡・『郡山市史８』）

出土遺物は、軒丸瓦・軒平瓦・平瓦・丸瓦・筒状丸瓦・須恵器があった。

軒丸瓦は、細い隆線で表現された単弁八葉蓮華文で、内区と外区は一条の囲線で区画されている。軒平瓦は、瓦広端下部に粘土板を張り付けて厚くし、粘土紐三本を張り付けて調整を施した三重孤文であった。筒状丸瓦は、両側面に分割截線《さいせん》が残り、丸瓦が半截されないまま焼かれたものである。平瓦は斜格子叩き、丸瓦は縄叩きのまま、ろくろでなでられている。須恵器は坏《つき》が四点出土した。

出土した瓦から、製作年代を推定すると、七世紀末から八世紀初頭のものと考えられ、この窯から清水台郡衙や郡寺に瓦を供給したものと考えられる。

原田瓦窯跡は、大槻町の静御前堂の南側の字南日・阿良久《あらく》にあり、昭和三十八年早稲田大学の発掘調査で発見された。ここは古くから古瓦の出土地として知られている所で、出土した瓦から平安時代の窯跡と推定されている。

麓山瓦窯跡出土の瓦類
上から鐙瓦、軒平瓦、筒状丸瓦、須恵器坏（『郡山市史８』）

郡山市内には、このほか富田町・富久山町久保田・喜久田町・熱海町・片平町など二〇か所もの瓦窯跡が確認されている。

国内で唯一の多彩釉浄瓶《たさいゆうじょうへい》を出土した七ツ池遺跡

七ツ池遺跡は、郡山市七ツ池町の国道四号線西側の段丘東縁に立地する奈良時代の遺跡で、昭和十三年松林の開墾中、偶然に二彩釉浄瓶・円面硯《えんめんけん》・須恵器坏・黒色土器・須恵器大甕片が谷地の堆積土と思われる黒色土中から発見された。

昭和二十三年に出土地の発掘調査が行われたが、出土したものは以前出土した円面硯に接合する脚部片だけで、そのほかの遺構・遺物は発見できなかった。そのため前に出土した遺物は、

原田瓦窯跡（大槻町原田）

文字瓦（大槻町原田）

鐙瓦（大槻町原田　上記すべて『郡山市史８』）

流されてきたものか、そこに埋蔵されていたものか明らかにすることができなかった。

二彩釉浄瓶（浄瓶は香炉と同じ仏具で水差しのこと）は、肩部に注口を持ち、底部に高台が付けられている器高二八・九センチの大形の瓶であった。文様は、緑白二彩で、白釉は胴に七段、口頭部に四段と千鳥に配されており、浄瓶はやや軟質の胎土で作られていた。口頭部の剥落《はくらく》が著しいのは、誠に残念である。

この浄瓶は、奈良正倉院に収蔵されている唐三彩釉浄瓶とよく似ており、またこの器形で鉛釉を使っているのは国内唯一のものと考えられており、昭和六十二年に国重要文化財に指定された。

二彩釉浄瓶（『郡山市史１』）

安積国《あさかくにの》造《みやつこ》が創建した安積国造神社

郡山駅前大通りを西に進み、国道四号線を越えてさくら通りに入ると、すぐ左側に安積国造神社がある。

祭神は、和久産巣日神《わくむすびすひのかみ》・天湯津彦命《あまのゆつひこのみこと》・比止禰命《ひとねのみこと》・誉田別《ほむだわけの》命《みこと》（八幡大神・応神天皇）・倉稲魂命《うかのみたまのみこと》の五神を合祀する。

『郡山総鎮守安積国造神社縁起』によれば次のとおりである。

天湯津彦命は、河内国哮峰《いかるがのみね》に天降りした神で、安芸国造・安積国造の祖神である。その一世孫の比止禰命は、第十三代成務天皇の五年（一三五年）勅命により阿尺国造に任じられ、安芸国からはるばる当国に来て荒野を開いた。

比止禰命は、田方八丁（今の方八丁）に稲城を築いて拠点としこの地方を治めた。

安積国造神社社殿

その時赤木山（現在の赤木町）に安積国の宗廟として和久産巣日神・天湯津彦命を祀ったのが、この神社の起源である。

古《いにしえ》の安積国は、現在の郡山市・旧安達郡・旧田村郡にわたる広大な地域で、安積国開拓の神として大きな功績を残した比止禰命は、安康天皇の二年（四五五年と推定）、先の二神に加えられて赤木山の宗廟に合祀され、安積国造神社と号した。

延暦十八年（七九九）には、坂上田村麻呂が東征のみぎり、宇佐八幡大神（誉田別命）を合祀し、軍旗と弓矢を奉納した。

さらに寛治元年（一〇八七）「後三年の役」に際して源義家は、戦勝祈願し、神領五〇石を寄進した。

天和三年（一六八三）この清水台に赤木山の国造神社が奉遷され、その時安積領主伊藤摂津守の城中から稲荷大神（倉稲魂命）を移して合祀され、郡山総鎮守となった。

社家の安藤氏は安積国造の末裔で、古くから「兵庫頭《ひょうごのかみ》」の官職名を名乗り、第五五代安藤親重は、寛政二年（一七九〇）二本松藩主丹羽長貴の命により、二本松神社の宮司を兼務した。兼務は重満、業重《なりしげ》まで三代にわたり、その後分家が二本松神社宮司を継承した。

境内右手一角の大ケヤキに挟まれた奥に安積艮斎《ごんさい》の銅像がある。この題字・撰文は徳富蘇峰が書いた。艮斎は旧名を安藤祐助といい、社家安藤氏の出身で、二本松神社宮司を兼務し二本松領内の注連頭（神官の代表）となった安藤親重の三男として寛政三年（一七九一）に生まれた。

安積国造神社神楽殿

二〇歳の時江戸に出て林述斎《じゅっさい》の門下生となり、嘉永三年（一八五〇）に昌平黌の教授となった。門下から、近代日本の建設に大きな役割を果した吉田松陰・高杉晋作・岩崎弥太郎・小栗忠順《ただまさ》を輩出し、門下生はおよそ二〇〇〇人を数えた。

社殿左脇には、今からおよそ三〇〇年前に大宰府天満宮の分霊が祀られた安積天満宮がある。学業成就を祈願する神様として、また安積艮斎への尊敬を込めて、多くの市民から崇拝されている。

この神社から北西に広がるさくら通りを挟んだ一帯は、安積郡衙があったとされる清水台遺跡があり、発掘跡は芳山《ほうざん》公園として整備されている。

「郡山合戦」の古戦場郡山城跡

郡山城は、ＪＲ郡山駅西口のシティタワー郡山の建物の廻り一帯に存在したが、開発の進んだ今、その面影を探すことは難しい。しかし、古い絵図や地図・地割などにより、ある程度復元することができる。

地籍図により作成した城郭は、北方から南方に張り出した、ゆるやかな段丘を利用して四郭に分け、その廻りを堀割が囲み、本郭を最上段に、その東方に二の郭《くるわ》、その南方に二つの郭（三の郭と出丸か）が置かれていた。

中世の街道は、笹川・日出山より小原田の東・横塚の芳賀沼の側を通り、久保田・福原・日和田と阿武隈川の自然堤防沿いを通っていた。その街道上に佐々河（篠川《ささがわ》）城・名倉館・早水館・諏訪館・日和田高倉館と城館が続いた。

明治18年地籍図による郡山城復元図（『郡山・田村の歴史』）

稲荷館は、永享の乱後伊東氏が諏訪館を移したもので、郡山合戦で郡山太郎右衛門が死守した郡山城であった。

天正十三年（一五八五）十一月に伊達政宗軍七〇〇〇から八〇〇〇人と佐竹・葦名・岩城・白河の連合軍三万人が本宮青田ヶ原で激突した（「人取橋の合戦」と呼ばれる）が、三年後の天正十六年六月、郡山城を囲んで再び佐竹・葦名・白河・石川・須賀川の連合軍四〇〇〇人と伊達氏六〇〇〇人が、逢瀬川を挟んで対峙《たいじ》した。

六月十二日佐竹・葦名の連合軍は、阿久津の政宗の陣を攻撃した。十三日には郡山城の西の高台に二つの土山を築き、郡山城を見下ろして鉄砲で攻撃すると政宗軍は郡山城に鉄砲二〇〇挺を運び入れ増強を図ったが、逢瀬川右岸の敵陣中にある郡山城には落城の危機が迫っていた。

政宗の陣を敷く山王館には、十四から十六日にかけ、佐竹・葦名の連合軍が山王山の山続き

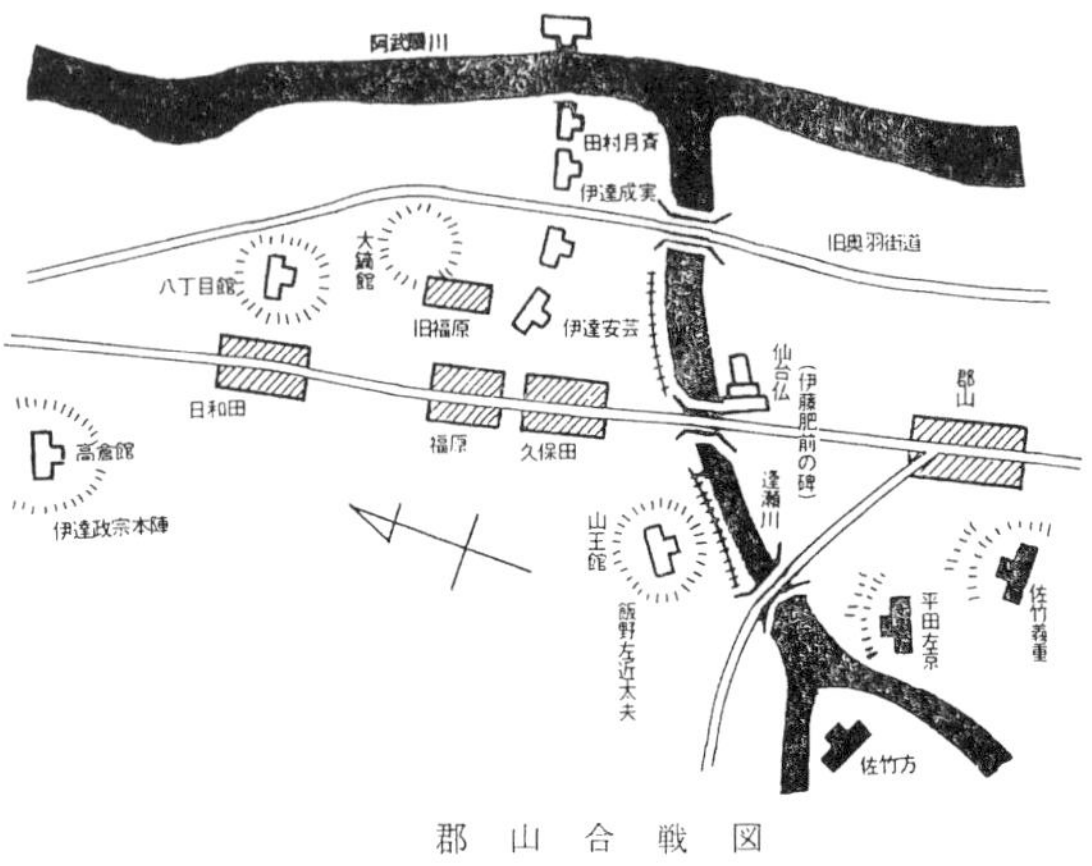

郡山合戦の概略図（『郡山市史１』）

から攻撃したが、政宗軍が山の上から鉄砲を撃ちかけたので退却してしまった。

佐竹・葦名勢は、郡山城と久保田の連絡を遮断するため砦を築いたので、郡山城は完全に孤立してしまったが、伊達勢は逢瀬川の堤に砦を築き、連日弾薬・兵糧を送り支援を続けた。

富久山町日吉神社内　伊東肥前の碑

昭和初期の郡山城跡（郡山市西之内・『郡山市史１』）

七月一日、連合軍の長沼城代新国貞通は、郡山城下を通り久保田砦に向かうと伊達勢が迎え討ち、貞通は連合軍の砦の中に逃げ込んだ。追っていた伊達軍が引き返そうとすると、佐竹・葦名勢の陣所から、総勢が出撃して来たので、伊達成実・片倉小十郎は自陣に引き返すことができないでいると、「人取橋の合戦」で高倉城に籠って勇敢に戦った伊東肥前が連合軍の後ろに回って攻撃した。伊達勢は「肥前を討たすな」と決死の攻撃を仕掛けたので、佐竹・葦名の連合軍は崩れて引き返していった。

七月十日、郡山合戦は、石川昭光・岩城常隆の調停により終結した。

この合戦で討死した伊東肥前の碑が、政宗の本陣のあった富久山町の日吉神社境内にあり、仙台仏とも呼ばれ、伊達氏から長く崇敬を受けていた。

奥州街道と郡山宿

郡山宿の母体となった郡山村は、「郡山合戦」で知られる郡山城（現在の駅西西之内辺り）周辺にあった集落である。郡山村の名が初めて文献に出たのは、文禄三年（一五九四）の『会津蒲生領高目録』で、この時の郡山村の米の生産高は一八九九石余で、片平村二八三九石、福浦村二六二九石、大槻村二五九九石に較べると、安積郡ではまだ中規模の村であった。

この頃東山道と呼ばれた古街道は、日出山から小原田の東を通り、横塚の芳賀池から久保田の東に出て、福原の東へと通っていたが、天正十八年（一五九〇）の豊臣秀吉の奥州仕置《しおき》の後奥州道中の整備が始まり、慶長年間（一五九六～一六一五）徳川幕府は、阿武隈川沿いを進んでいた古街道を西寄り（現在の国道四号線）に移し、三六町を一里とする一里塚を築くことを命じた。一里塚は安積郡内では、村絵図などで見ると、南から笹川の上の台・小原田の北端（現在の小原田町四丁目）・富久山町福原の一里壇・日和田町山の井の四か所がある。

街道の整備とともに宿駅の整備も進められ、安積郡内では、笹川・日出山・小原田・郡山・福原・日和田・高倉の七つの宿駅（「安積七宿」と呼んだ）が置かれた。宿駅とは、人馬による荷物の継ぎ立てと休泊施設を備えた集落のことである。

郡山宿は、郡山村の集落が新街道沿いに移動して生まれたもので、元和年中（一六一五～一六二四）頃に「縄張り」（町割りのこと）が行われ、現在の陣屋通りを境に、南を上町、北を下町に区分、整備された。これに携わった今泉家は、その功績により代々名主職・検断職（文政七年〈一八二四〉郡山町となってから）を幕末まで続けた。

安積郡には会津領時代から代官所が置かれていたが、二本松藩もこれを踏襲し、安積郡を三組（郡山組一三村・大槻組一七村・片平組一一村）に編成し、それぞれに二名の代官（後に一名）を置き治めた。寛文三年（一六六三）から、後に陣屋と呼ばれる場所（現在の駅前一丁目）に三組の代官所が移転し、周囲に同心屋敷・蔵場が置かれた。

陣屋が置かれた頃の郡山宿（郡山市中央図書館所蔵）

代官所では代官の下に、名主・組頭・長百姓《おさびゃくしょう》のいわゆる村方三役が置かれ、代官の指図のもとに村政の執行に当っていた。名主職は藩からの任命で、不祥事を起こさない限り世襲であった。

この頃の郡山宿の状況は、元禄元年（一六八八）の上町人別帳で見ると、上町高一二八八石・家数二〇五戸・人数七九九人・馬八八頭であった。その翌年「奥の細道」の旅で、芭蕉に従って旅した曾良はその日記に「日入前郡山ニ致テ宿ス。宿ムサカリシ」と書くが、この頃の郡山宿は、百姓家が家数の三分の二を占め、旅籠や商家は三分の一ほどで、やっと宿駅の体裁が整い始めた時期であった。これが寛政八年（一七九六）の人別帳では、家数三〇五戸・人数一四六六人と急増し、有力商人の土地集積が進むとともに、上町の脇町として十日町・館町・蔵場丁・東町・阿弥陀町が生まれ、下町にも北町・大重・茶屋町・新田丁が生まれた。

文政六年（一八二三）には、家数三六〇戸となり、そのうち旅籠・商家が九二戸と宿場の商業

江戸時代後期の郡山宿錦絵（大槻町安斎家所蔵・『郡山市史３』）

化が進み、毎月六回（五・十の日）の六斎市《いち》も立つようになった。

郡山宿は、こうして二本松藩領では二本松城下に次ぐ繁華地となった。郡山宿の商人たちは、商取引を広範囲に拡大するにつれ、村名では信用度が薄く、取引にも支障が大きいとして町への昇格の要望を強めていった。村から町への昇格には幕府の許可が必要であったので、文政七年郡山村名主など村役人連署で二本松藩に嘆願書を提出し、翌年裁可され郡山町となった。この後町役人の役職名は、名主が検断・組頭が町目付・長百姓は長町人《ちょうちょうにん》となり、新たに上町下町両町の取《とり》纏《まとめ》役として町年寄役の職が設けられた。なお、この時町昇格の象徴として、南と北の出入口に枡形を築き、そこに木戸門を建てることが許可された。枡形は御影石で高さ六尺（約一・八メートル）ほどに積み立て、その上に男松を植え並べたもので、大きさは縦七から八間（約一二・六〜一四・四メートル）、横五間（約九メートル）であった（この枡形は、明治十

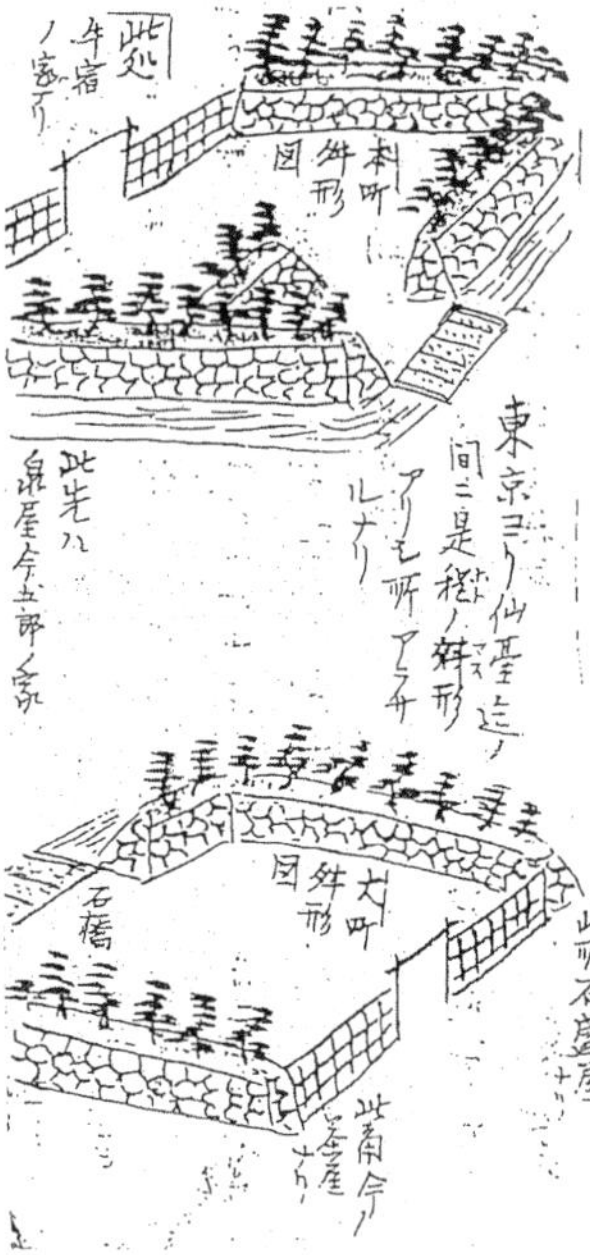

枡形の絵図（大槻友仙著『明治見聞実記』より　『郡山の歴史』H16, P86）

年〈一八七七〉に取り崩され、荒池の堤石や麓山公園の滝の石組みに利用された）。

郡山宿は、町が繁栄しても用水に恵まれず、参勤交代などで大名が本陣に宿泊すると、若者たちが小原田村の一里塚の榎の木の根本の湧水（「養耕泉」と呼ばれた）を天秤で運んでくるという有様であった。そのため、享保六年（一七二一）水田の灌漑用水に使用されていた皿沼の水を飲用に利用することを願い出て許され、皿沼の南東側土手に水箱を設けて、樋口から水を入れ、流口から竹管をつないで各戸口に水を配った。しかしこれでも不足するため有力商家は、郡山宿の西の台地（現在の清水坂・上台・虎丸・赤木辺）に井戸を掘り、地下に木管や竹管をつないで引水する「山水道」を設けて補った。

郡山宿は、天保三年（一八三二）に「如宝寺火事」と呼ばれる大火はあったが、順調に発展を続けた。しかし戊辰戦争では、攻防の重要拠点として、東西両軍の激戦地となり、郡山宿の大半は焼失してしまった。

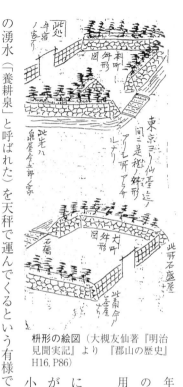

如宝寺

真言宗如宝寺は、郡山市堂前町の中心市街地の一角を占め、寺前に平行した二本の参道があるという珍しい寺院である。両参道の間に池が設けられ、見事な庭園となっている。

仁王門に通ずる参道を進むと、左側に十九夜塔・二十三夜塔・如意観音像・地蔵・萬物供養塔・十一面観音像・馬頭観音像などの石塔・石像が整然と並び、古寺の趣を湛える。

仁王門石段前に弘法大師像がある。

仁王門内には朱色の阿吽像が納められ、その梁には龍の彫刻が施されている。

仁王門脇の鐘楼には、佐野の鋳物師が鋳造した「いぼなしの鐘」（国指定登録美術品）が吊されており、昭和初期頃まで、郡山市民から「如宝寺の晩鐘」として親しまれていた。

如宝寺の創建年代は判らないが、境内に承元二年（一二〇八）の銘のある石造笠塔婆（国宝）や建治二年（一二七六）の銘のある板石塔婆（国宝）があり、寺はそれ以前に創建されたと考えられている。

石造笠塔婆は、上部に浮彫座像の弥陀一尊仏があり、背面上方に方形と丸の三重線が彫られ、その中に一七文字の種子（梵字）が刻まれ、阿弥陀曼荼羅《まんだら》（仏の住む悟りの世界）を表している。また板石塔婆は、亡き母の三七日にその子が造立したもので、碑面の上方には阿弥陀如来を中心とした曼荼羅が種子で描かれている。

本堂左側の馬頭観音堂は、『相生集』によると建保七年（一二一九）以前に、虎丸長者が自分の守本尊の馬頭観音を安置して創建したといわれる。

本堂と棟続きにある如宝寺書院は、明治二十八年（一八九五）に白河から移築されたものである。明治十七年太政大臣三条実美《さんじょうさねとみ》が東北を視察する際に、白河の財界有志が、一行を接待するために建てたもので、陽春館と名付け、迎賓館として使ったものである。二階建寄棟造りの母屋に、入母屋形式の玄関部分が付けられているので、一見入母屋造りと見間違われやすい建物である。

石造笠塔婆（国重文・『郡山市史１』）

板石塔婆（国重文・『郡山市史１』）

式台を持つ玄関の二階部分はベランダで、洋風建築における「お立ち台」を連想させる。一階は六室からなり、北東部の部屋が一〇畳の書院となっている。二階は一二畳の部屋が三室続き、その両側に一間の廊下が通っている。一間の寸法は、一・九二センチの広尺を使っているため、建物全体が大らかに見え、迎賓館にふさわしい造りとなっている。

建物は如宝寺書院として国登録有形文化財となっている。

境内南側の一角に切支丹《きりしたん》碑がある。

如宝寺書院（国重文）

如宝寺本堂

碑は凝灰岩で造られており、石の先が剣状に尖った十字形が鮮やかに見え、種子の下に「覚心道好禅定門　元禄七甲戌八月二日菩提」と彫られている。

また如宝寺墓地には、明治時代に社会事業に尽力した鈴木信教《しんきょう》の墓（県史跡）がある。

安積開拓と疏水事業

明治維新後、明治政府は近代国家樹立のため、殖産興業と富国強兵の二大目標を掲げて政策を推進していたが、安積開拓は、政府の殖産興業と地元の士族授産が結び付いた事業であった。安積開拓は、福島県・民間資本（開成社）・国の三つの事業主体がこの目的に沿って進めた事業の総称である。

明治五年（一八七二）六月福島県に着任した安場《やすば》保和《やすかず》県令は、二本松藩士族の悲惨な窮状を見て、士族救済のため安積開拓を決意し、その頃北方開拓を熱心に推奨していた旧米沢藩士中条政恒を招いてこの任に当らせた。

明治六年（一八七三）一月には、入会地である大槻原の調整を行い、四月には「一尺ヲ開ケバ一尺ノ仕合アル、一寸ヲ墾スレバ一寸ノ幸アリ」の名文句で知られる「告諭書」を発し、二本松藩士を主体として開拓者を募った。今の南町・台新町・天正壇・六地蔵・鶴見壇・菜根の一部が開拓地となり、ここに旧二本松藩士三〇戸が入植した。入植者には、宅地四〇〇坪、開墾予定地一町歩、無利子の開拓資金一戸宛三〇円が支給された。

中条政恒は二本松藩士族のための規模の小さい大槻原開拓に飽き足らず、郡山の富商たちに大規模開拓を目指した開拓資金の投資を呼びかけたところ、阿部茂兵衛・鴨原弥作・橋本清左衛門・安藤忠助・津野喜七らが応じ、明治六年、資本金二万一〇〇〇円余を持つ開成社が結成された。

開成池

開成社の開拓事業は灌漑用の池を造ることから始まった。明治六年三月から開成池の造成に着手し、周囲四七八間（約八六九メートル）、広さ一二町歩（約一一九〇平方メートル）の大池が生まれた。明治七年（一八七四）には上の池（五十鈴湖）の大修理に着手し、翌年四月には周囲三三五間（約六〇九メートル）の灌漑池が完成した。そして両池の堤には一万八〇〇〇本余の桜が植えられた。

灌漑池の築造と平行して道路が整備された。

この当時開拓地の大槻原一帯には既存の道路がなかったので、測量を行い、新しく開発する田畑が井型になるように整然と道路が設けられた。道路の総延長二二・八〇〇間（約四一キロメートル）、架橋一三三か所を一年余の突貫工事で行い、

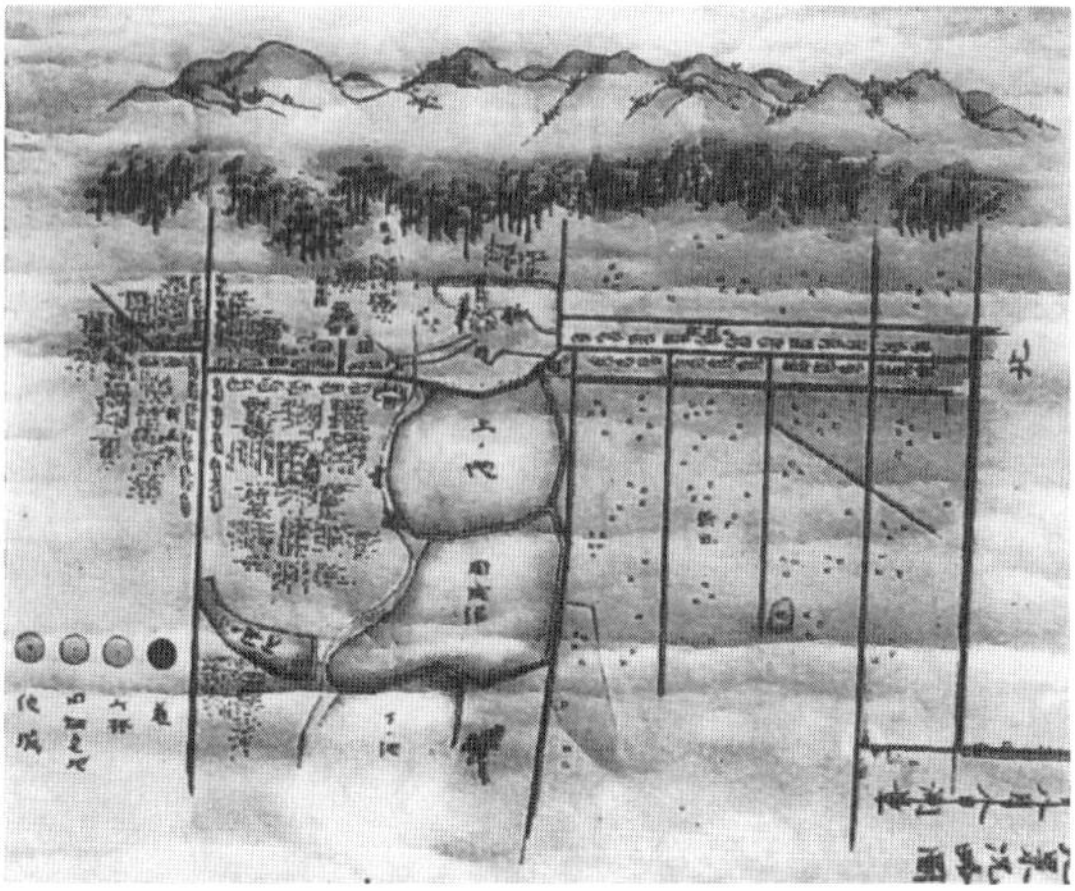

桑野村絵図（明治15年頃・『郡山の歴史』H16, P108）

明治七年七月に完成した。

道路の整備とともに小作人家屋の建築が始まり、明治七年三月には、宅地一反四畝（四二〇坪＝約一三八六平方メートル）から一反六畝（約一五八九平方メートル）を持つ六一戸が完成した。そして明治十一年（一八七八）までにさらに四一戸が新築された。

小作人の入植は、明治六年から始まり、明治二十二年（一八八九）までに八三戸が入植した。内訳は、安積郡が最も多く三一戸、福島県内から二九戸、県外から二三戸であった。

大槻原は、こうして鶴見壇・菜根屋敷・桑野・清水台が開拓され、平地は水田、台地は畑地となり桑が植えられ、明治八年（一八七五）秋までに新田七六町歩余、新畑一四〇町歩余、宅地二五町歩余が開かれ、明治九年四月には桑野村が誕生した。

大槻原の開拓は、福島県と開成社で行った開拓事業であり、国営事業ではなかった。

明治政府は、失業士族に職を与え、不平不満を和らげるためにも早急に、士族授産による殖産興業の実現を図る必要があった。

明治九年東北御巡幸の時、明治天皇は新築したばかりの開成館に泊り、桑野村の開拓の様子をつぶさに御覧になったが、同行の大久保利通も安積開拓の成果をはっきりと認めたに違いない。

開拓地の様子　中央が開成館（『郡山の歴史』S56, P187）

中条政恒は、この大久保利通に働きかけ、安積野が開拓地として優れていること、そしてそのためには灌漑用水として猪苗代湖の水を引くことの必要性を力説したため、内務卿大久保利通も、安積開拓と疏水工事を国営事業として実施することを認めた。
疏水工事は、オランダ人技師ファン・ドールンの実地調査と詳細設計により、明治十二年十二月から着手された。
工事内容は、猪苗代東岸山潟地内に取入水門を設け、用水路で田子沼に注ぎ、沼上山から掘られた五八五メートルの隧道により、五百川に落下させる。落下した水は五百川

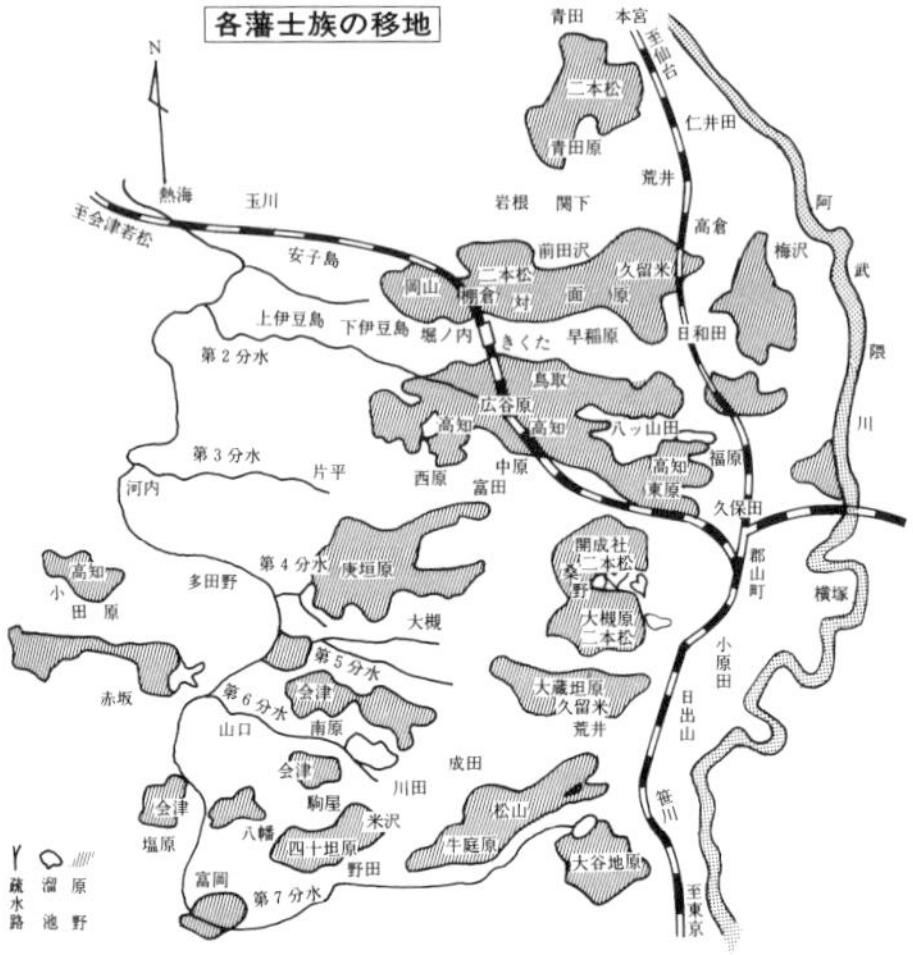

各藩士族の移地（『郡山の歴史』S59, P194）

第16表　移住士族と戸数

入植原野	移住士族	戸数	入植原野	移住士族	戸数	入植原野	移住士族	戸数
山田原	高知	20戸	塩の原	会津	7戸	広谷原	鳥取	71戸
赤坂	〃	15	青田原	二本松	18	対面原	久留米	100
牛庭原	松山	17	大蔵垣原	久留米	46	〃	二本松	10
四十垣原	米沢	10	大槻原	二本松	30	〃	棚倉	25
〃	久留米	10	東原	高知	20	〃	岡山	10
南原	会津	13	中原	〃	25	合計		476
北原	〃	3	西原	〃	26			

移住士族と戸数（『郡山の歴史』S59, P194）

の自然な流れを下り、熱海地内で再び取り入れられ、五百川上部に架橋された水門橋（「めがね橋」と呼んだ。現在は頭首工が整備されている）から直ちに隧道に入り、そこを出ると幹線水路となって奥羽山脈東麓の山脚部を南流し、岩瀬郡仁井田村まで流下した。

この間七つの分水路を設け、第一分水路は旧岡山・二本松・久留米藩士族の入植した対面原を灌漑し、日和田・梅沢村を潤し、阿武隈川に合流する。第二分水路は上伊豆島・下伊豆島・堀之内村を潤し、広谷原に入植した旧高知・鳥取藩開拓地を流れ、八山田《やつやまだ》・福原を灌漑する。第三分水路は片平・富田を灌漑し、流末は阿武隈川に入る。第四分水路は庚担《こうたん》原を灌漑し、大槻・桑野を流れ開成池に注ぐ。第五分水路は大槻原・

大蔵壇原を灌漑したが、明治四十四年（一九一一）からは郡山町の上水道としても利用された。第六分水路は旧会津藩が入植した南原《みなみ》を灌漑し、川田・成田に注ぐ。第七分水路は、富岡より大谷《おおや》地《ぢ》原・牛庭原を潤し阿武隈川に合流する。幹線水路にはおおむね高さ二メートルの隧道三五か所が掘られ、その総延長は一〇五〇メートルにも及んだ。

これらの工事は、明治十五年（一八八二）八月十日に完成した。幹線水路延長五二キロメートル、分水路延長七八キロメートル、総工費は四〇万七一〇〇円余であった。

疏水通水式は、明治十五年八月開成山大神宮広場で、右大臣岩倉具視をはじめ政府高官多数が出席し盛大に行われた。この式に出席した品川弥二郎農商務大輔は、

岩が根をくだきて落す猪苗代の水は黄金の種となるらん

と詠んだ。また早くから疏水開削を提唱していた須賀川の小林久敬さんは、

あらたのし田毎にうつる月の影

と喜びの一句を詠んだ。この句碑と顕彰碑は今荒池のほとりに立っている。

このように完成した安積疏水の灌漑面積は、明治十八年（一八八五）で二九二八町歩、三十

六年に五一一八町歩、明治末年には五二〇〇町歩に増加した。

安積疏水は、大正八年（一九一九）福島県に移管され、受益者団体により現在も運営されている。

開成山大神宮と開成館

安積開拓のため、明治五年に設立された開成社は、その社則に開拓者の心の拠り所として「神社をつくること」を掲げ、大槻原一帯の開拓に一歩踏み出すと間もなく、神社の建設に取りかかった。

大槻原西端の「離れ森」と呼ばれた小高い山を開成山と名付け、明治六年十月その山頂に華表（鳥居）と遥拝所が設けられた。そして、その十一月には開拓関係者ばかりでなく近在から六万人もの人が集まり、盛大に遥拝式が行われた。本殿・拝殿は、明治八年十二月に、開成社と安積郡有志から、三七五五円の寄附金を集め、落成した。

神社名、祭神については、開拓者らの総意により、伊勢神宮の内宮のご正宮である皇太神宮のご分霊を奉遷したいと神宮司庁に願い出たところ、明治九年一月三十一日付で、社格は県社とすること、神社名は所在地名を冠することを条件に、これまで全国に例のない、伊勢神宮のご分霊の奉遷が許可された。この時、伊勢神宮から神宝として太刀・槍が撤下された。太刀は備前国長船に住んでいた刀匠勝光の作、槍は桃山時代の作といわれる。

明治9年当時の開成山大神宮（開成山大神宮所蔵）

現在の開成山大神宮社殿

開成山大神宮は、県内の神社の中で最も正月の参詣人の多い神社として知られている。

開成山大神宮と同じく、開成館も安積開拓のシンボル的存在であった。

開成館は、明治七年八月福島県第十区（後に七区）の区会所と開成社の集会所を兼ねて建築された。安積

開成館全景（県重文）

開拓の仕事を行う福島県開拓掛（後に開拓課出張所）もこの建物の中に置かれた。

敷地一九四二坪・建物面積一六八坪で、郡費二六八一円・開成社三〇五円・寄附金二四六円など合計二六八一円をかけて新築された。当時としては三階建の稀に見る壮大な建物で、後に「御三階」と呼ばれた。当時の新聞は開成館を次のように書いている。

会所は即ち三階高楼にして、面一五間（約二七メートル）、横八間（約一五メートル）、高さ五丈（約一五メートル）なり。西洋風に擬し、玻瓈窓《はりそう》（ガラス窓のこと）山水を射映し、白壁丹障《にしょう》美麗を極わむ。これに登れば移岳・磐梯東西に相対し、安達太良山、那須山南北に聳《そび》え、三池沼前面に横たわり鏡の如く、五郡の山野寸眸に落ち、実によく勝概（よい場所）を占めたりと謂うべきなり

開成館は、明治天皇東北御巡幸に際して明治九年には宿泊所、明治十四年（一八八一）には昼食会場として使用された。

明治十一年の郡区改正により安積郡役所となり、郡役所移転後は、開成山農学校、桑野村役場に転用され、戦後は海外引揚者の寮として使用された。

昭和三十五年に福島県重要文化財に指定され、昭和四十年には大規模な改修工事が実施された。

開成館は、現在安積開拓資料館として展示公開され、その敷地内には立岩邸、安積開拓の入植者住宅が保存展示されている。

旧福島県尋常中学校本館校舎

桑野村が開村して一〇年目の明治十九年（一八八七）県内唯一の尋常中学校が福島に開設された。

桑野村は、郡山の街並みから四キロメートル余り、当

当時の開拓入植者住宅

旧福島県尋常中学校本館校舎（玄関部分）

時は辺り一面が雑木林に囲まれた未開の土地であった。

尋常中学校の設置は、明治十九年四月「県立中学校は各県一箇所に限るべし」の勅令により、それまで若松・平・三春・福島にあった四つの中学校を廃止し、福島県庁前（旧福島城跡）に福島県尋常中学校として統合して設置することになった。ところが、県議会から「福島は地方一方に偏存すぎる」との反発や桑野村の開成館が校舎として適当であるなどの建議があり、桑野村の開成館を校舎として、福島県尋常中学校を開設することになった。

しかし県が調査したところ、開成館の建物は構造上校舎には適さないことが判明し、桑野村内に新たに校舎を建設することになった。

桑野村から敷地三町歩（約二八八〇平方メートル）の無償提供を受けて明治二十年（一八八七）に工事を着工し、この間地元桑野村から人夫一〇〇〇〇人余の無償奉仕があり、明治二十二年に完成した。

主棟は、東西に延びる総二階建で、六角形の玄関バルコニーを持ち、上下階とも中廊下式で、下階に校長室・教員室・特別教室を配置し、普通教室はすべて二階に置いた。講堂は二階東端四室分を当てた。屋根は瓦葺で、上げ下げ窓を用い、全体に白ペンキが塗られ、内外装とも随所に洋風建築の技術が駆使されている。

明治三十一年（一八九八）には、第一尋常中学校と校名を変え、明治三十三年には、福島県立安積中学校となったが、それまで開校して一〇年間県下唯一の尋常中学校として、会津・県北・石城・相双など、全県下から生徒が集まり、二棟の寄宿舎で生活していた。

戦後新学制により、福島県立安積高等学校として現在に至っている。

昭和三十五年頃から校舎改築の計画が進められ、新校舎が建築されるが、旧校舎はそのままの姿で保存されることになった。

昭和四十八年に県重要文化財に指定され、

昭和五十二年には、洋風学校建築の数少ない貴重な遺構として国の重要文化財に指定された。現在は安積歴史博物館として展示公開されている。館内には、この学校の卒業生であ

開校100年を記念に建てられた安積健児の像

歴史博物館内の「開拓の心」

高山樗牛の碑

る作家高山樗牛・久米正雄・中山義秀の遺稿や、京都帝国大学総長新城新蔵・歴史学者朝河貫一・小西重直などの資料が収蔵・展示されている。

また安積高等学校の敷地には、第一回卒業生であった高山樗牛の「人生は価値なり」の記念碑が立っている。

郡山市大槻町地区

郡山市立小山田小
亀田
郡山ザベリオ学園中
郡山中央スマート
4
柏山町
新さくら通り
福島県立ろう学校
陸上自衛隊郡山駐屯地
大槻公園
東北自動車道
郡山市立大槻中
郡山市立大成小
郡山市
大槻保育園
6
55
大槻町
台新
郡山市立大槻小
6
静町針生古墳
静御前堂
清水内
大槻城跡
郡山市立朝日が丘小
4
55
郡山市立郡山第七中
143
尚志高
295
美女池

大槻町の縄文時代から平安時代にかけての膨大な遺跡

大槻町は、郡山市街地の南西に位置し、市街地から三森峠を通って会津に向かう道筋にある。村名は古くは大豆生《おおずき》と書き、大豆栽培に適した土地柄だとか槻木《つきのき》の大樹があったからだといわれる。

大槻町は、阿武隈川の支流である逢瀬川と南川によって形成された扇状地上にあり、この肥沃の土地を利用して縄文時代の昔から連綿として集落が続いてきた。

大槻町には、縄文時代の遺跡として、壇ノ越遺跡・古亀田遺跡・八頭《やがしら》遺跡・隠居面《いんきょづら》遺跡、弥生時代の遺跡に、柏山《かしわやま》遺跡・福楽沢《ふくらざわ》遺跡・清水内遺跡・太田遺跡、古墳時代から平安時代の遺跡に中柵《なかやらい》遺跡・肩張《かたはり》遺跡がある。

古亀田遺跡は、大槻扇状地のほぼ中央、亀田川東岸の微高地にあり、昭和三十年代に尖底土器の底部が採集され、縄文時代早期の遺跡として注目を浴びた。

昭和四十年に発掘調査が行われ、縄文早期末の深鉢と土器片及び平安時代の竪穴住居跡一棟が検出され、住居内から土師器・甕が出土した。土師器は坏で奈良時代のものと思われ、「信夫」「厨」と墨書されていた。

また遺跡の北方二〇〇メートルの亀田川東岸から土馬二点が出土した。

八頭遺跡は、大槻町字八頭にある、縄文時代早期（約六五〇〇年前）から平安時代前期にかけての集落跡である。発掘調査の結果、長方形や楕円形をした竪穴住居跡十数棟が検出された。この住居の土間の中央付近には、火を焚いた炉跡と見られる赤い焼土が残っていた。遺物としては、住居跡から絡条体圧痕文《らくじょうたいあつこんもん》と呼ばれる土器が良好な状態で出土した。この土器は、軸に粘土を縄状に巻き付け、それを手で押圧するという手法で作った土器である。

隠居面遺跡は、大槻町隠居面地内の大槻扇状地の微高地にある。

縄文早期土器（古亀田・『郡山市史１』）

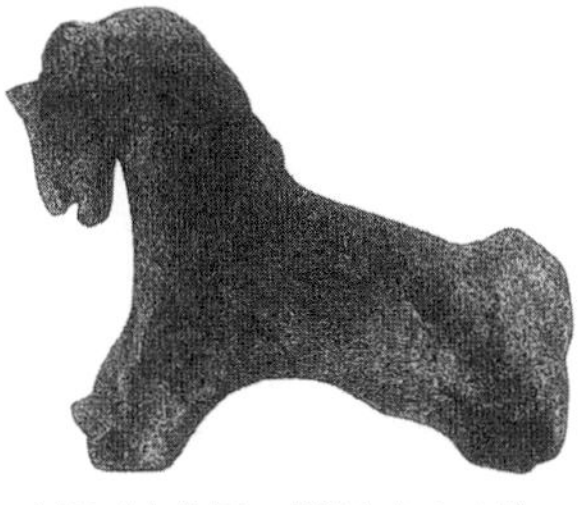

土馬（古亀田・『郡山市史１』）

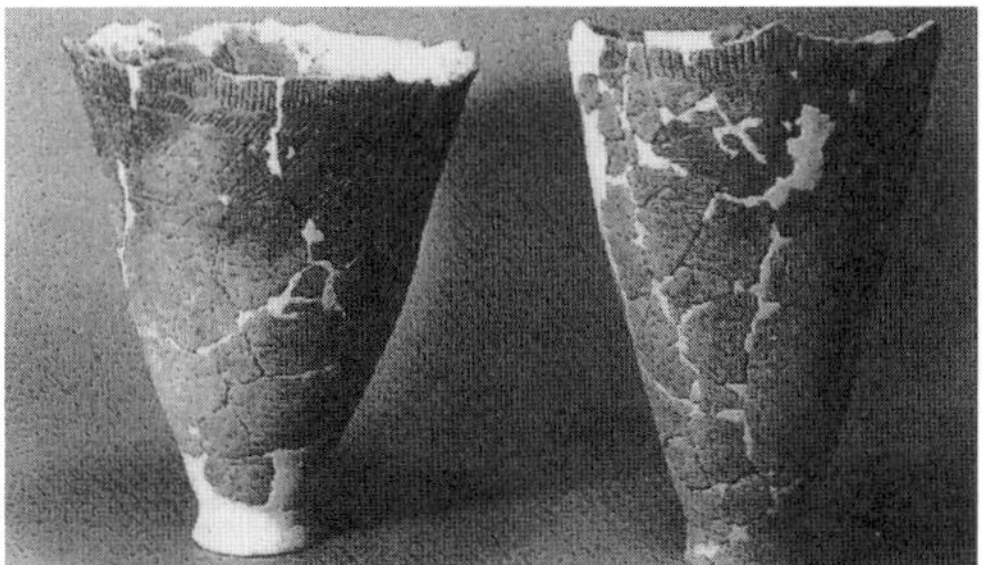

絡条体圧痕文土器（八頭遺跡・『郡山・田村の歴史』）

昭和四十七年に発掘調査が行われ、竪穴住居跡二棟と九個のピット（土坑）が見つかった。

そのうち一棟は、周溝を巡らし、長辺五・八メートル・短辺五メートルの長方形の住居跡で、柱穴は四隅近くに各一個のほか、その中間に三個の柱穴があり、合計七個の柱穴があった。床面中央から南壁にかけ焼土が見られ、焼土の中に石一個があったことから石囲炉であったとみられる。他の一棟は、直径五メートルほどの円形の竪穴住居跡で、柱穴は五個あった。遺物は、土坑内から縄文土器を主体として、多数の土器片・少量の須恵器片・土偶・磨製石斧が発見された。

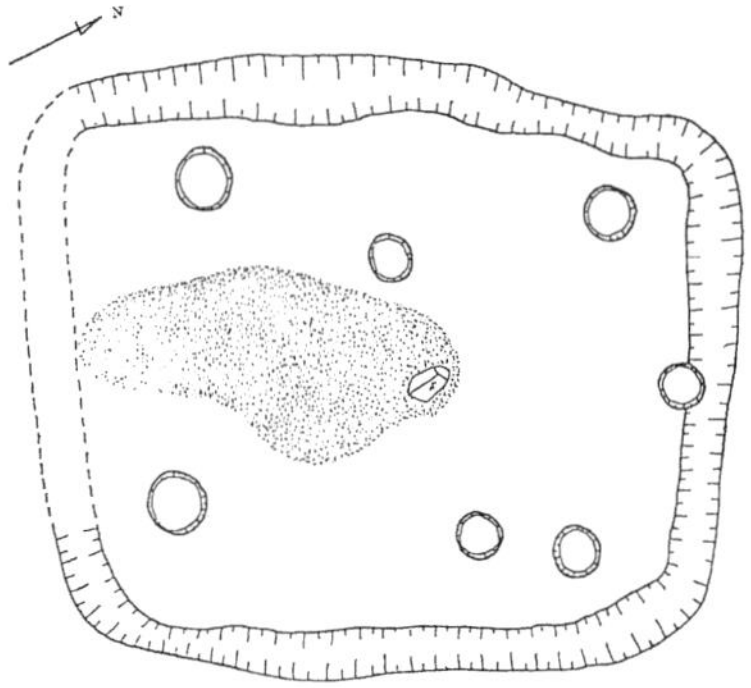

隠居面遺跡竪穴住居模式図（『郡山市史１』）

壇ノ越遺跡は、隠居面遺跡近くの、幅二メートルほどの胡桃《くるみ》川の河岸段丘上にあった。

昭和四十五年東北自動車道建設に関わり発掘調査が行われたが、遺跡は水田整備のため大部分が破壊され、一部が残存していただけで、遺物の出土量も少量であった。ただ、褐色土層中に焼土と周溝が認められ、周溝に沿って一一か所の柱穴が見つかった。このことから地床炉（石組を持たない住居内に作られた炉のこと）を持つ、一辺が四メートルの方形の住居跡と推定された。

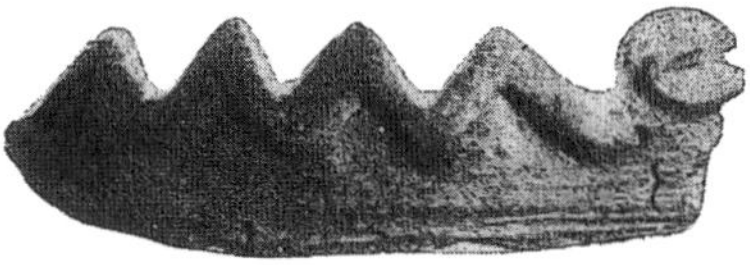

蛇体飾文壺口縁部（壇ノ越遺跡・『郡山市史１』）

遺物は、口縁部に蛇《へび》を模した装飾を持つ蛇体《じゃたい》飾文《かざりもん》壺の破片と小型有孔鍔《つば》付土器一点、有孔鍔無土器一点が発見された。

柏山遺跡は、大槻扇状地の扇央部、亀田川西岸の低い段丘上に立地する弥生時代の墓跡群である。昭和三十年頃、この低い丘陵地の南縁の畑地・桑畑・果樹園の一帯から、弥生土器・土師器・須恵器の破片が採集され、また柏山二番地の雑木林の中に、直径一五メートル、高さ一メートルばかりの円墳一基が見つかった。

昭和四十八年に新産都市地区遺跡調査の一環として発掘調査が行われ、径一・二メートルの不整形楕円形のピット（小竪穴）一三基が検出され、その中から大型壺・小型鉢・高坏・蓋などとともに、碧玉岩製管玉五五個・硬石製勾玉《まがたま》一個・匙形土製品一個が出土して、弥生時代の再葬墓跡であることが判明した。再葬墓とは、一度遺体が腐敗し骨だけになった後に壺や甕に入れて再葬するものである。

出土した土器で完形のものは、鉢形土器と小さな甕形土器だけであった。鉢形土器は高さ八・二センチ・口径一一・九センチ・底径三・八センチで、体の上部には平行沈線を三本引き、その間に三条の平行沈線で描かれた連孤文を配している。そして平行沈線の中だけが縄文がすり消されている。

甕形土器は、高さ一〇・二センチ・口径七・七センチ・胴部がくびれ、体の大部分に連孤文と三角文の組み合わせた文様が沈線で描かれていた。

管玉は完全なものと破砕されたものがあったが、管玉は縄文時代の遺跡から出土した例はなく、一般的には弥生時代の遺跡から出土していることで知られ、このことから弥生時代の小竪穴墓の副葬品と思われる。

また硬玉製勾玉は、会津若松市御山遺跡のように弥生遺跡から出土している。

福楽沢遺跡は、柏山遺跡の西方約二キロメートルの地点にある。辺りは逢瀬川の支流小山田川の南側にある低い台地で、水田面との比高はわずか一メートルである。ここは古くから、土師器片や須恵器片が散乱していることで知られていた。

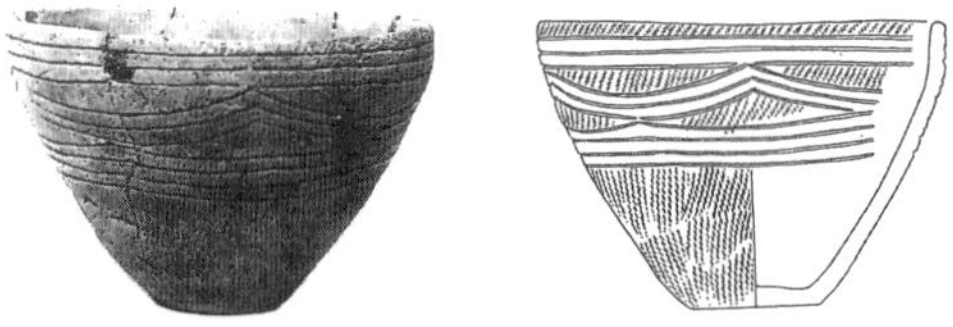

鉢と実測図（大槻町柏山　高さ8.2センチ・『郡山市史８』）

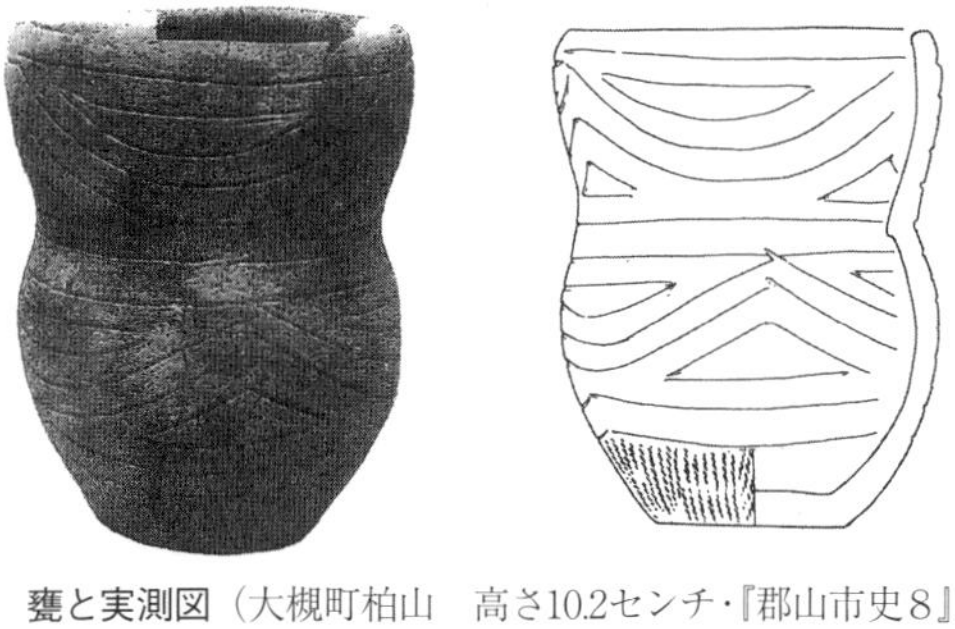

甕と実測図（大槻町柏山　高さ10.2センチ・『郡山市史８』）

昭和四十年代になって、弥生土器片を出土していることが注目され、昭和四十四年に発掘調査が行われた。調査では表土から地山までが浅く、耕作のため攪乱されていたので、良好な遺物包含層を発見することができなかったが、土坑四個と弥生土器破片のほか、石室の残骸二基、土師器片などを発掘することができた。

柏山遺跡の小竪穴墓中からの管玉出土状態(『郡山市史1』)

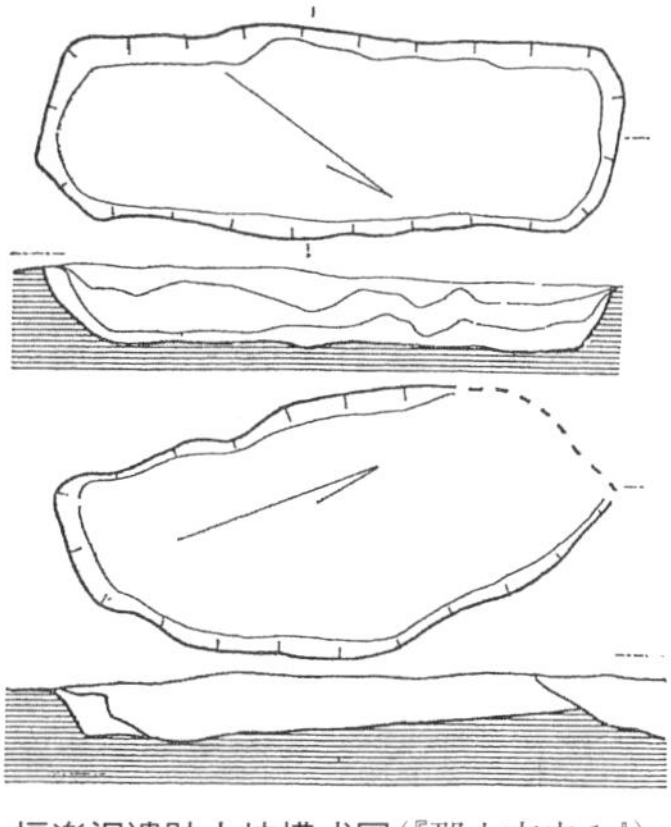

福楽沢遺跡土坑模式図(『郡山市史1』)

土坑は、黄色粘土層に掘り込まれた部分に黒褐色の土が落ち込んでいることから識別できた。

四個の土坑は、変則的な四辺形で、長さは一三八センチから二〇〇センチ、幅は七〇センチから七五センチ、深さは一五センチから二五センチと、それぞれの大きさは異なっていた。この土坑は、地面に穴を掘って、

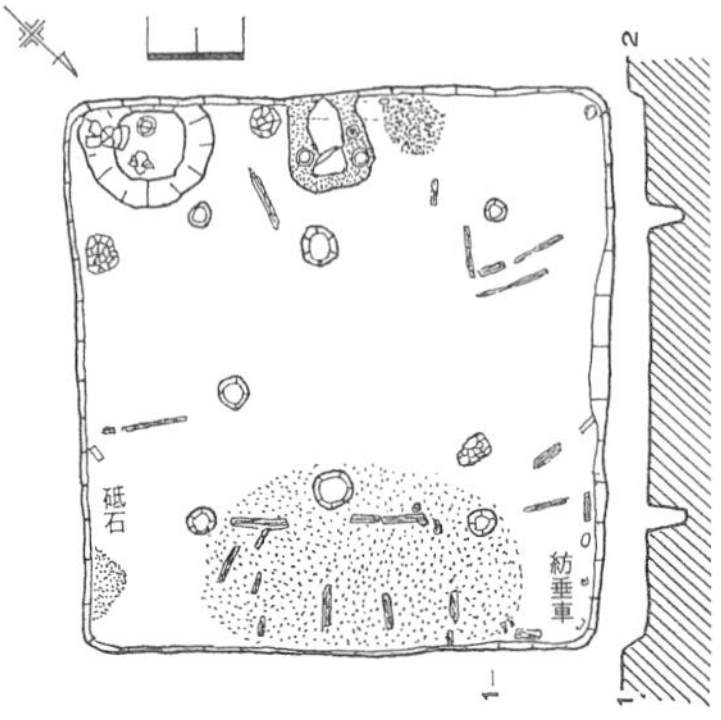

太田遺跡住居跡実測図（『郡山市史１』）

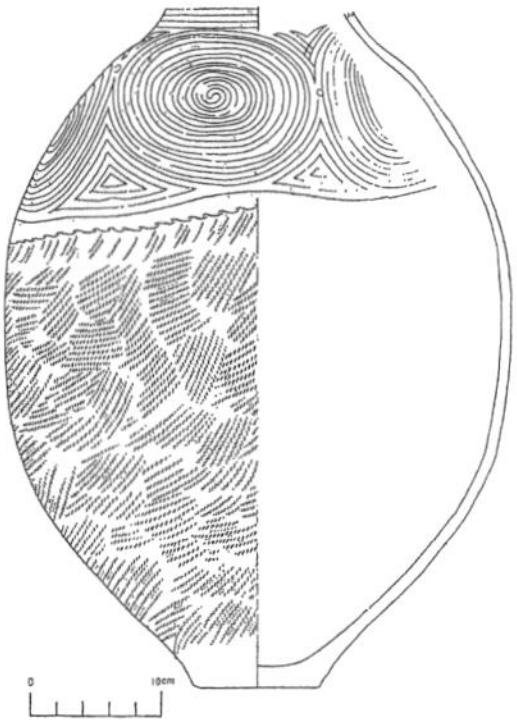

福楽沢遺跡出土弥生式大型壺形土器実測図（『郡山市史１』）

その中に死者の遺体を納める土坑墓と思われる。弥生時代の墳墓には柏山遺跡に見られるように、大きな壺の中に骨を納める甕棺葬もあるように、福楽沢遺跡からも、甕棺と思われる大型壺形土器が出土した。この土器は口縁部が少し高く、約一二度の傾斜をもって地中に埋っていた。壺は口部と体部の半分が失われていたが、器高四五・六センチ、最大胴幅三八センチ、底径九・六センチで、口径部に沈線で六から七重の渦巻《うずまき》文が施されていた。

その他の遺物として、石鏃《せきぞく》四個・磨製石器一個・石鍬二個があった。石鍬は、安山岩製で刃部は基部より若干幅広く、基部は厚手に造られていた。

太田遺跡は、静御前の伝承を持つ美女池の東側にある遺跡で、昭和四十八年農業基盤整備事業に伴い、発掘調査が行われ、一一棟の竪穴住居跡が検出された。住居はほぼ正方形で、一辺が六メートルあり、竈《かまど》が壁際に築かれていた。

出土遺物は、土器・下げ砥石・紡錘車《ぼうすいしゃ》で、籾の痕の付いた土器もあった。下げ砥石は、穴が開けられており、鉄器を研ぐため腰に下げて持ち運んでいたものと思われる。住居の床から火災で焼け落ちたと思われる炭化した木材が出土したが、枘穴《ほぞ》があることから屋根材に使われていたものと思われる。

清水内遺跡は、大槻町字人形坦東にある遺跡で、土地区画整理事業に伴って、平成七年から十年まで発掘調査が行われた。

その結果、竪穴住居跡一三一棟・掘立建物跡五〇棟・方形区画・祭祀遺物の廃棄場跡・土坑・溝跡が見つかった。遺物では、三〇〇〇点を超える土師器・石製模造品多数・鉄製品など、多種多様のものが大量に出土し、古墳時代中期の遺跡では、県内で最大級の集落跡であったと思われる。

遺構で注目されるのは、方形区画で、遺跡の中央西側に、幅二・五メートルの溝で囲まれ、一辺約五〇メートルの大きさの平地があった。このような区画の多くは豪族の屋敷跡と考えられるが、本遺跡では建物跡・倉庫跡などは見当らないことから、この集落で祭祀が行われた場所ではないかと考えられている。

算盤玉形紡錘車
（清水内遺跡・『ふくしまの遺跡』）

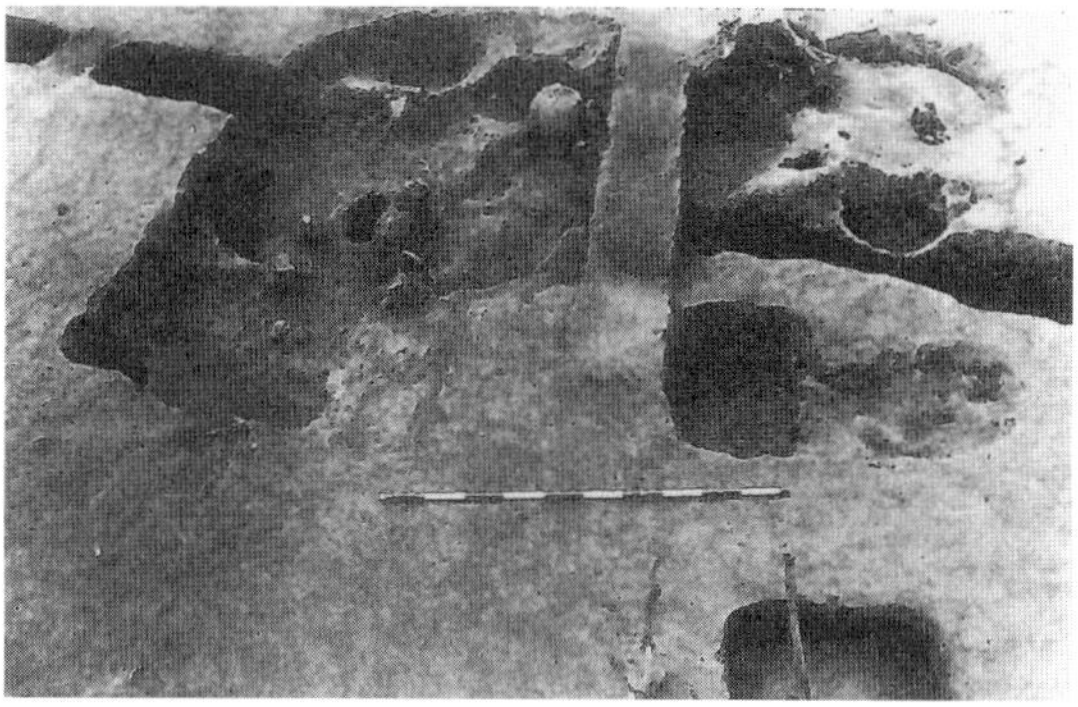

工作場跡と推定される竪穴遺構（『郡山市史１』）

遺物では、算盤《そろばん》玉形をした鉄製の紡錘車が出土した。この形のものは朝鮮半島で多く見られるもので、五世紀前半頃に算盤玉形紡錘車を持った渡来人がこの地に来て鍛冶の技術を伝えたものと推測される。

中柵遺跡は、大槻扇状地の扇央部、標高二七〇メートルの平坦地に立地する古墳時代から平安時代の集落跡である。

昭和四十五年からの二回の発掘調査により、竪穴住居跡二一棟・掘立柱建物跡二棟・竪穴遺構一六基が検出された。竪穴は、不整な楕円形や不整な円形を呈し、規模は縦三メートル、横三・九メートルほどのものが半数を占め、そのうち四基は、炉が竪穴の面積の四割を占め、鉄滓が多量にあり、また他の遺構から吹子用の羽口が出土したことから、この竪穴は鍛冶場跡でないかと考えられている。

肩張遺跡は、郡山市総合地方卸売市場のすぐ北にあり、郡山流通団地造成の際に発見された。掘立柱建物跡一八棟が検出されたが、建物跡は整然と並んでおり、そのうち三棟は高床式となっており、倉庫に使われたと考えられている。建物の周辺から大小様々のピット（土坑）や溝跡が見つかり、その中から土器や瓦・円い形の硯・鉄製鏃《やじり》が出土した。土器の中には内外面が黒色で光沢のある蓋と椀があった。また土器に「中山」「千方」「文」「苅田」などと書かれた墨書土器があった。

大槻古墳群と麦塚《ばくつか》古墳

大槻町には大槻古墳群・麦塚古墳・蝦夷坦古墳・中野古墳があった。さらに柏山地内にも古墳が残されており、大槻町は一大古墳地帯であった。

大槻古墳群は、現在の自衛隊駐屯地の西側にあった古墳群で、七三基ほど密集していたと考えられている。殆どが小規模の円墳とみられ、現在は住宅が立ち並んで往時の様子を偲ばせる遺構は残されていないが、明治初期頃に描かれた絵図や民家に保存されている出土品により、破壊される以前の古墳群の姿を想像することができる。

鈴釧（大槻　径10.0センチ・『郡山市史８』）

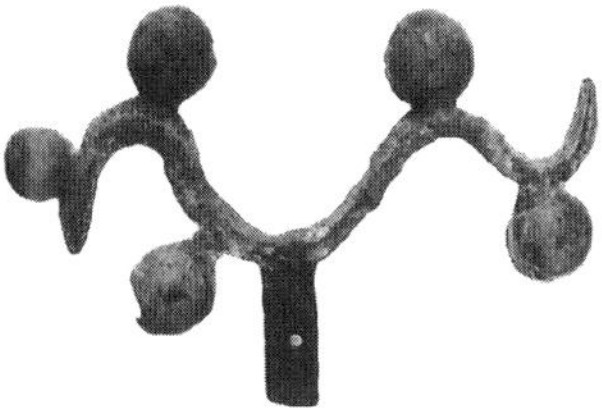

鈴杏葉（大槻　横21.2センチ・『郡山市史８』）

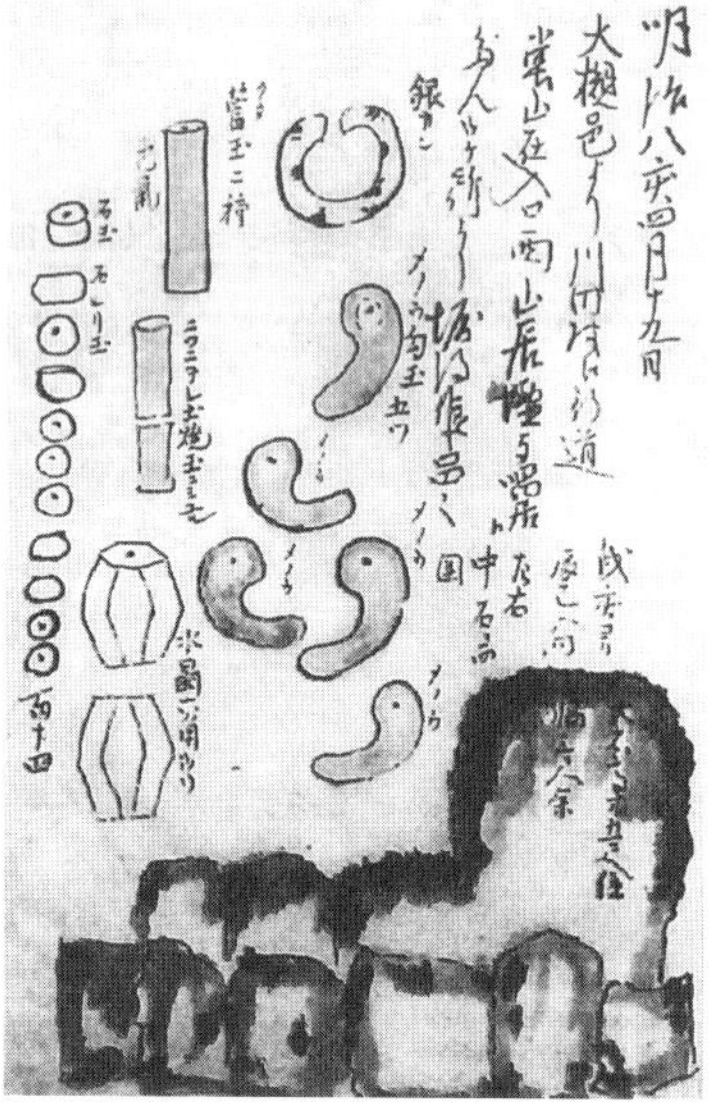

大槻古墳絵図（『ふくしまの歴史』）

埋葬施設は横穴式石室で、墳墓内から勾玉や管玉といった玉類が出土した。このほか、鈴釧《すずくしろ》と呼ぶ腕輪や鈴杏葉《すずきょうよう》という鈴の付いた馬具・銅鏃が出土している。

小規模な古墳が多数集まっている古墳群を群集墳《ぐんしゅうふん》と呼ぶが、静御前堂の真裏の古墳も大槻群集墳の一つと考えられる。しかし少し離れて孤立しているため、針生古墳と命名されている。

針生古墳は、古墳時代後期に造られた、高さ三メートル、直径一三メートルの円墳で、静御前堂境内にあったため、静御前信仰の意味も持って、現在まで完全な形で残されている。

麦塚古墳は、大槻町麦塚にあり、大槻

扇状地のほぼ中央の標高二五五メートルの小丘陵上に立地した前方後円墳で、周囲の水田面との比高は頂上で五メートル前後であった。

昭和二十三年に発掘され、墳丘自体はこの発掘とその後の耕作により、明確な形状は保っていないが、昭和三十五年の郡山市教育委員会によるトレンチ調査の結果、全長二六・八メートル、後円部直径一八メートルの前方後円墳と判った。

主体部は横穴式石室で、その側壁と思われる横一メートル、縦八〇センチほどの石が発見された。また周囲から副葬品の鉄刀の一部・鍔・耳輪・鉄鏃が出土

針生古墳

発掘調査当時の麦塚古墳（『郡山市史８』）

した。また墳丘から円筒埴輪のほか、人物（頭部・腕・美豆良《みずら》・男根）・家形・馬形埴輪が見つかった。

　大槻町の中野古墳からは、柄《つか》が蕨のようになっている蕨手刀が出土した。

円筒埴輪（大槻町麦塚　高さ45.4センチ・『郡山市史１』）

出土した埴輪（麦塚古墳・『ふくしまの遺跡』）

大槻城跡

　大槻城は、大槻町字城ノ内・殿町《とのまち》にあった。昭和五十五年・五十七年に本丸・二の丸・堀・土塁の一部の発掘調査が行われ、石鉢・茶臼・粉挽き臼が出土した。

　大槻城は、大槻町長泉寺所蔵の「大槻城郭之全図」で見ると、南は壇経《だんきょう》川によって区切られ、本丸（一の丸）・二の丸・内町（三の丸のこと、郭の内側にあったので内町と呼び家臣屋敷があった）の郭があり、郭には堀が巡らされ、堀の水は壇経川と清水池より引かれ、北側には百間馬場が描かれている。本丸は現在の大槻小学校、内町は殿町である。また、明治十年（一七八七）に書かれた『大槻村地誌』によると「大槻城に一ノ丸・二ノ丸・三ノ丸の三郭があり、東追廻（馬場の中央に土塁を設けその廻りを騎馬が一巡できるようにしたもの）・西追廻・東出丸・上行馬（敵騎の侵入を防ぐための防御物）・下行馬が設けられ、四方に堀や土塁が廻されていた。城が廃止されてからは、堀を埋めて大小の田とし、土塁を崩して畑とした」と書かれている。

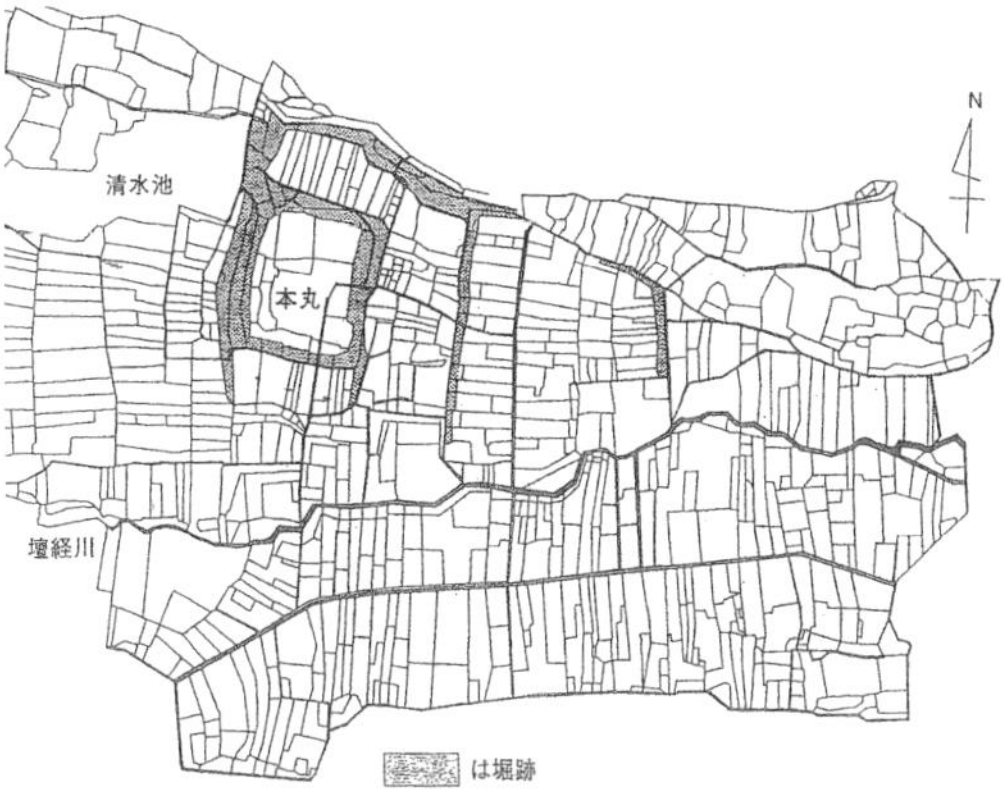

大槻城縄張図（明治17年地籍図より・『郡山の歴史』H16, P50）

大槻城跡　大槻小学校

大槻城がいつ頃築造されたかは不明だが、応永十一年（一四〇四）の「国人一揆状」に大槻城主沙弥《さみ》通綱《みちつな》と記載されている。その後大槻城主は、安積伊東氏の一族伊東将監高久、伊東三郎左衛門尉高行と続くが、永禄五年（一五六二）三春城主田村隆顕の家臣田村月斎顕頼に攻められ、伊東高行は戦死してしまった。

天正十七年（一五八九）伊達政宗が、葦名盛広を磐梯山麓の磨上原で破ると仙道（中通り地方）は伊達氏の勢力下に置かれた。しかし翌十八年に豊臣秀吉が「奥州仕置」として政宗の攻め取った会津・仙道を取り上げ、蒲生氏郷に与えた。蒲生氏郷は伊勢国松坂から四二万石で会津に入封し、地名を黒川から若松に改め、若松城を本城として一二支城を置いた。安積郡では、大槻城と安子島城のみ支城とし、大槻城に蒲生忠右衛門、安子島城に蒲生源左衛門を城代とした。しかし天正十九年に大槻城・安子島城を廃止し、二本松・三春に支城を置いた。以後大槻城は廃城となった。

静御前堂

静御前堂は郡山市静町一番地にある。

静御前堂入口には、「静御前終焉《しゅうえん》の地」の石碑とともに、次のような静御前堂の説明板が立っている。


静御前堂は、里人が静御前の短い命を哀れみ、その霊を祀ったのがこの堂である。

静御前は、平家滅亡後、源頼朝に追われ、平泉の藤原秀衡のもとに下った義経を慕いこの地にたどり着いたが、すでに義経が平泉に発ったと聞いて途方にくれ、池に身を投じたといわれる。

被《かつぎ》を捨てたところがかつぎ池（大槻町南原地内）、身を投じた池が美女池（大槻町太田地内）であると伝えられている。

また静御前は乳母と小六を供にしてこの地に来たが、小六の碑もここに残っている。小六の碑のあるのは、全国の静御前遺跡の中でも例がなく、珍しいものである。

静御前堂

右の説明を補うものとして『安積郡大槻村地誌』（明治十年刊）、『槻里古事記』（大槻町安斉威雄蔵）があるが、それらから細部を紹介する。

静御前は石見国磯野前司の娘で、幼少の時父を亡くして、洛北白川に住んで白拍子を業とし母親を養い暮していた。

安徳天皇の御代、大旱魃《かんばつ》が襲い、大勢の人々が苦しんでいたため、天皇の命で神泉苑に百人の白拍子が集められ、雨乞いの祈祷が行われた。静御前が最後に法楽の舞を舞うと龍王が感応し、晴天にわかにかき曇り、車軸を流すような大雨となり、その年は上穀実熟して豊年となった。

源義経は雨乞いの座で、静御前の美しい容姿を見て、堀川の御所に招き、酒宴を重ねるうち相思相愛の仲となった。義経は、平家を討った勲功により、検非違使尉《けびいしのじょう》に任じられ、西国三三か国が宛行《あてがわ》れたが、梶原の讒言《ざんげん》により、頼朝の勘気を蒙り、身の立所がなくなり、文治二年（一一八七）奥州藤原秀衡の元に落ちていった。静御前は義経を慕い、奥州塙の郷に義経がいると聞き、乳母と家僕小六を供に三人で散々苦労しながら旅を続けた。浅香の里山口村の小六峠に来たとき、小六が病気で亡くなってしまった。

静御前主従は涙を流し悲しんだが、静御前は化粧を直し（ここを「化粧坂」という）、大槻の里の花輪長者を訪ね義経の行方を聞くと、義経ははるか奥の平泉高館城に行ってしまったと告げる。静御前はこれを聞いて、供の小六がいなくなり、誰を頼りに行ったらよいのか途方にくれてしまい、その日は長者の家に泊まったが、その夜ひそかに乳母と共に抜け出して深い池に身を投じてしまった。

後に杖と笠が残されていたので、里人が長者に告げると、長者は一樹の下に墓を建て懇《ねんご》ろに弔った。

後陽成院の御代天正十五年（一五八七）ここに夜な夜な光を放ったものが現れるので、里人が怪しみ、藪をかき分け探すと、半分土に埋れた高さ五尺余の石碑があった。大槻城主伊東三郎左衛門高行は、その場に御堂を建立し、静御前堂として崇めた。その後安永十年（一七八二）御堂が退廃したので、凸凹な土地を整地してそこに移そうと三尺ばかり掘ると、突然突風が吹き土砂を吹き飛ばしてしまうので、工事ができず元のままの所に現在の御堂を再建した。

乳女碑（左）と小六碑（右）

大槻・山口・八幡・駒屋を領有していた伊東高行は、地元の二四戸から資材の寄進を受け、安永三年（一七七四）から天明三年（一七八三）にかけ再建したのが間口四間、奥行三間の現在の静御前堂である。境内には小六碑と昭和三十六年に建立された乳女碑が、堂の西側に並んで立っている。

また静御前堂の縁下には、嘉元三年（一三〇五）・延文三年（一三五八）・同四年・応永十七年（一四一〇）の四基の紀年銘供養塔が残されている。

郡山市安積町地区

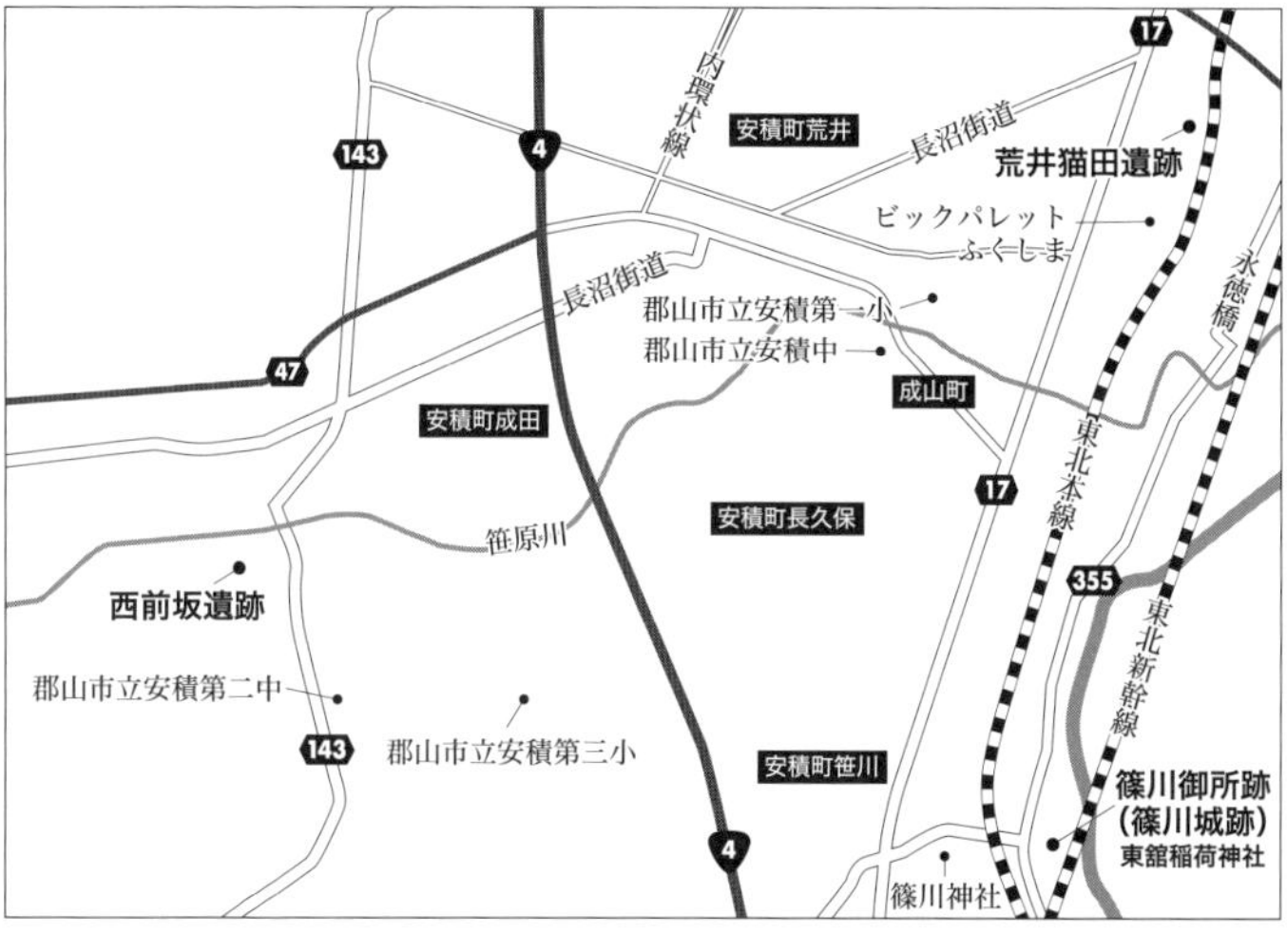

143
4
内環状線
安積町荒井
長沼街道
17
荒井猫田遺跡
ビックパレットふくしま
永徳橋
長沼街道
郡山市立安積第一小
郡山市立安積中
47
成山町
東北本線
安積町成田
17
安積町長久保
笹原川
355
西前坂遺跡
東北新幹線
郡山市立安積第二中
143
郡山市立安積第三小
安積町笹川
篠川御所跡
(篠川城跡)
東舘稲荷神社
4
篠川神社

頭椎《かぶつち》大刀《たち》を出土した淵《ふち》ノ上《うえ》遺跡

淵ノ上遺跡は、阿武隈川が安積町笹川の集落の東を北流して、安山岩露頭部に突き当り、流れを北東に変える、この安山岩露頭層上の平坦地にあった。水面からの比高は、一〇メートルほどである。

阿武隈川改修工事のため、昭和四十二年、四十六年の二回にわたり、郡山市教育委員会が発掘調査をした結果、古墳二基と竪穴住居跡三棟が検出された。

一号古墳は、直径二〇メートルほどの円墳で、中から金銅製の拵《こしらえ》を持った頭椎大刀が完全な形で出土した。完全な形の大刀の出土は、県内で初めてのものである。この大刀は儀式用の大刀と思われ、このような大刀が出土した安積町には、身分の高い人が住んでいたと推測される。

出土した住居跡のうち、一号住居跡は、柱穴が見つからず、埋設土器一個だけの長軸一メートル強の複式炉が見つかった。

淵ノ上遺跡全景（安積町淵ノ上・『郡山市史８』）

二号住居跡は、直径六・三メートルほどの方形住居で、土器一個を埋設した複式炉があった。柱穴は炉の長軸の延長方向に一か所、炉の長軸を中心とした左右に各一か所がほぼ三角形をなすように配置されていた。

三号住居跡は、直径五・九メートルの円形住居と推定され、埋設土器一個と柱穴四個を持つ竪穴住居跡であった。

淵ノ上１号古墳出土状況（『郡山市史８』）

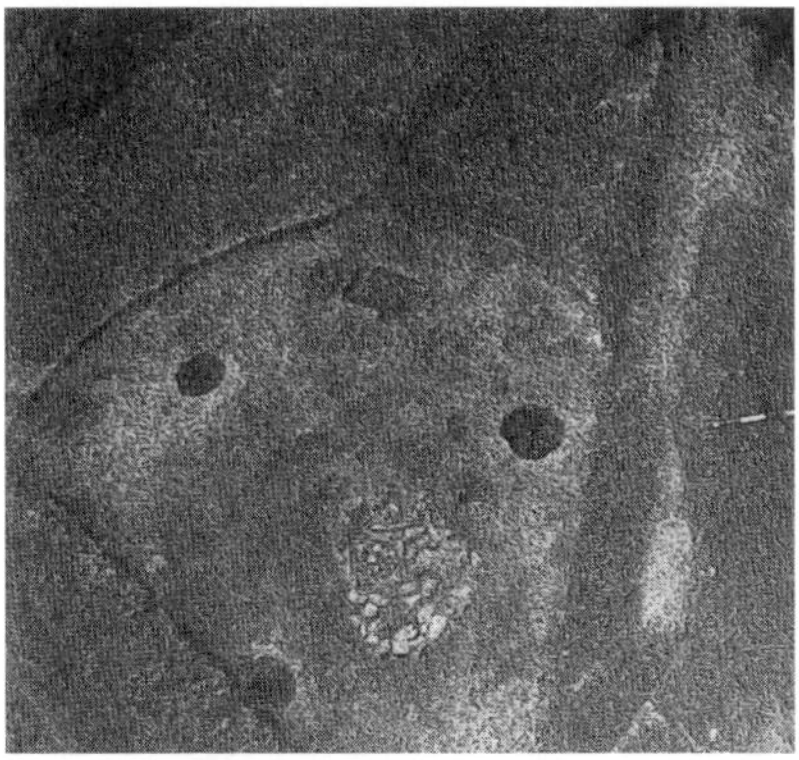

淵ノ上遺跡２号住居跡（『郡山市史１』）

淵ノ上遺跡１号住居跡の複式炉跡（『郡山市史１』）

埋設土器は、沈線と充填縄文により、足の長い鍵《かぎ》状文と縦走する縄文帯を施した土器で、縄文中期の土器の特徴を示している。

安積町の古墳時代から室町時代の遺跡
――東丸山遺跡（古墳・奈良）・西前坂遺跡（奈良）・荒井猫田遺跡（鎌倉・室町）

東丸山遺跡（安積町成田）は、大槻扇状地の扇央部の南側、笹原川北岸の低い段丘上に立地する、古墳時代前期から平安時代にかけての集落跡である。

昭和四十九年から六十二年にかけての四次にわたる発掘調査の結果、竪穴住居跡九八棟（内訳縄文時代前期一棟・古墳時代前期六棟・同後期二七棟・奈良―平安時代六〇棟・不明四棟）と掘立柱建物跡二棟・土坑五〇基・経塚二基・溝三条・方形周溝墓六基・円形周溝墓六基・土坑墓四基が検出された。遺物では、縄文土器・弥生土器・土師器・須恵器・赤焼土器・手捏土器・鉛製ペンダント・鉄製品（鉄鏃・刀子・鎌）・石製品（石鏃・石斧・石皿・砥石）が出土した。

遺跡の北西部に墓が集中して検出され、ここが墓域と考えられる。墓は古墳時代全期を通じて造られ、前期が方形周溝墓、前―中期が木棺直葬の土坑墓、中―後期が円形周溝墓に変遷したとみられる。

西前坂遺跡（安積町成田字西前坂）は、笹原川南部の低い丘陵地に営まれた奈良・平安時代の集落跡で、住宅団地の造成に先立ち、発掘調査された。

東丸山遺跡住居跡（『郡山市史１』）

東丸山遺跡竈の構築状況（『郡山市史１』）

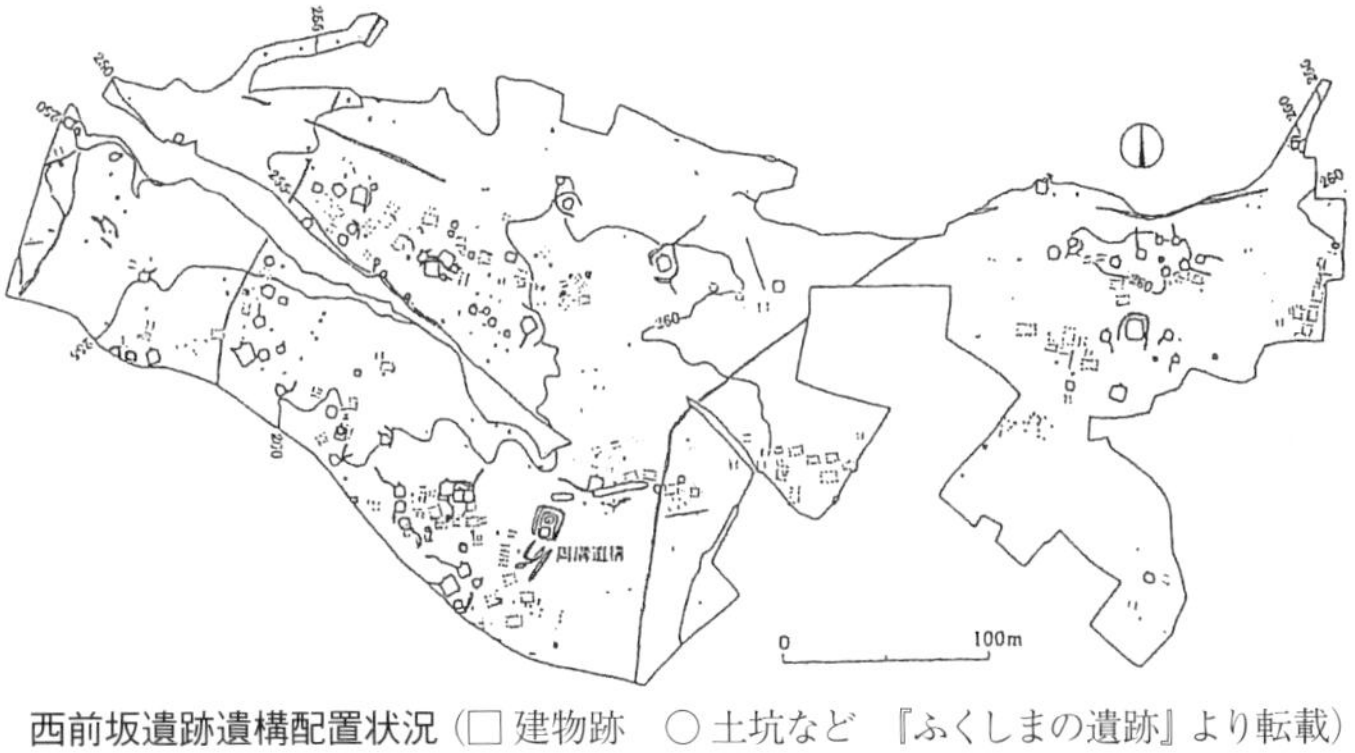

西前坂遺跡遺構配置状況（□ 建物跡　○ 土坑など　『ふくしまの遺跡』より転載）

その結果、竪穴住居跡二五棟、掘立柱建物跡四一棟が検出された。竪穴住居跡と掘立柱建物跡はグループを作って丘陵上に散在していた。また集落の中ほどから溝で区画された周溝遺構も見つかった。

遺跡は、丘陵の最高点にあり、まるで古墳のような形状をしており、祭祀などを行った重要な場所であったと考えられる。

荒井猫田遺跡発掘跡（『郡山市史３』）

荒井猫田遺跡（安積町荒井）は、福島県産業交流館（通称ビッグパレットふくしま）の建設に先立ち、平成八年から十五年にかけ、約七万平方メートルの面積の発掘調査が行われた。その結果、調査地区内を流れていた川の南に鎌倉時代の町が、川の北側に室町時代の館が姿を現わした。

南北に直線的に続く道は、当時の幹線道路であった「奥大道《おくのだいどう》」と目され、その中ほどで東西方向に走る道と交差している。

南北道路の両側に多くの柱穴が見つかり、道路から二〇から三〇メートル離れて帯状に井戸群があった。奥大道に面して建物が立ち並び、裏側に井戸がある風景で、この町の規模は、南北に二八〇メートル、東西に八〇メートルであった。奥大道と東西に走る道路の交差点には木戸跡があった。

出土品は、道路の側溝や井戸から青磁・白磁《はくじ》の碗など中国産輸入品陶磁器・渥美窯や常滑窯《とこなめよう》の甕や壺、瀬戸窯の瓶子、折敷（盆）や箸、漆器の椀などの木製品、砥石、鉄加工（鍛冶）に関わる道具など様々なものがあった。

室町時代の館は、南北六〇メートル、東西六五メートルの主郭と副郭、それに主郭を取り巻くように五つの曲輪があった。

主郭と副郭は、幅一八メートル、一二メートルの堀で囲まれ、深さはともに一・五メートル程度で

木戸跡（『ふくしまの遺跡』）

町跡出土の輸入陶磁器（『ふくしまの遺跡』）

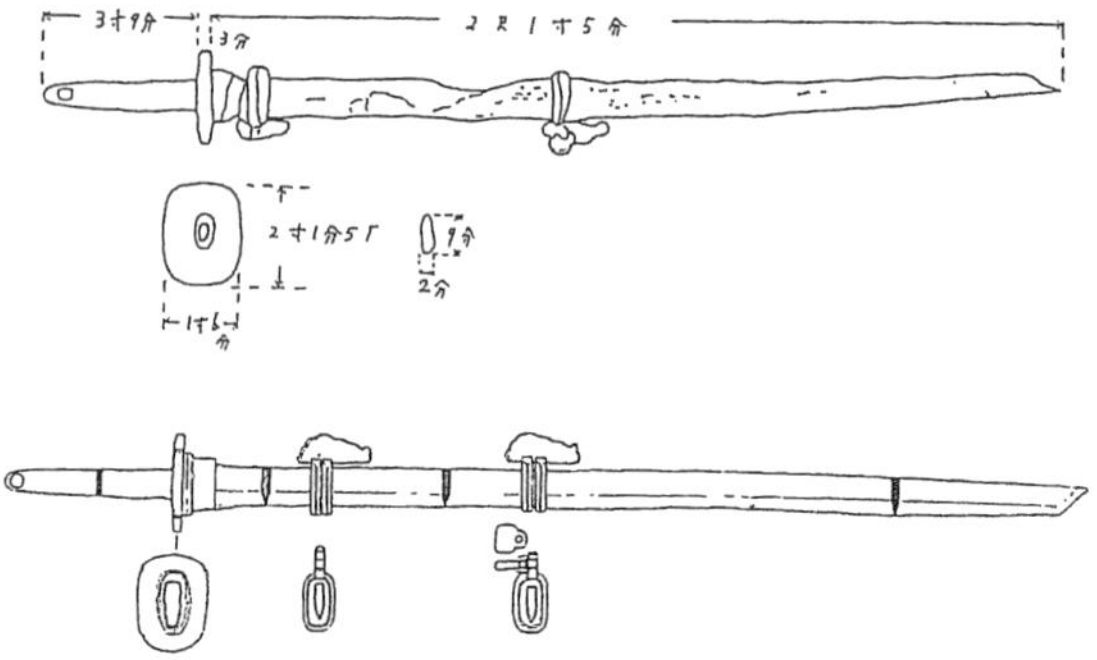

発見された刀の模式図（上図は『ふくしまの遺跡』より、下図は穴沢・馬目氏「郡山市中庭出工の銀作大刀」『福島考古』第20号より転載）

あった。主郭・副郭を囲う堀の底には仕切りがあり、畝《うね》のような土手を掘り残しておくことから「障子堀」といわれるものである。主郭や副郭にそれぞれ建物や井戸があり、特に主郭からは多くの建物跡が見つかった。

出土遺物は、十四世紀から十七世紀にかけての中国産陶磁器や国内産の陶器、土師質土器（「かわらけ」と呼ばれる素焼きの土器）、漆器椀、茶臼などが堀や井戸から見つかった。

牛庭遺跡は安積盆地の西方の牛庭原にあった。

牛庭原は江戸時代笹川村の西方、笹原川南岸の台地や丘陵地に広がっている原野で、牛庭原の孫兵エ堀込地内の山林の開墾中、偶然に直刀が発見された。この刀は九世紀前半頃に作られたと推定され、柄《つか》は三寸九分（約一一・八センチ）、鞘《さや》部二尺一寸五分（約六五・一センチ）、縦二寸一分（約六・一センチ）、横一寸六分（約四・八センチ）の方形の鍔を持つ直刀で、京都鞍馬寺所蔵の坂上田村麻呂の刀とよく似ているといわれる。

篠川（佐々河）城跡と篠川御所

篠川城は、郡山市南方のJR東北本線安積永盛駅より、さらに南方一キロメートルの阿武隈川の段丘上に築かれた平城である。

笹川の集落ができてから長年経ち、周辺はかなり変貌《へんぼう》しているが、城の縄張りは大体次のとおりと推定されている。

篠川城は、笹川字高瀬・字東館・字篠川にまたがる南北二キロメートル、東西三〇〇メートル余の阿武隈川西岸に沿って構築された群郭式城郭とみられる。群郭式とは環濠で囲まれた四角な郭を数個組み合わせて一つの城郭を構成する仕組みで、この中に土居（塁）を設けて城主や家臣屋敷を配置するものである（宮崎県の飫肥《えび》城がその例）。築城年代は不明だが、南北朝の頃、この辺りは「佐々河の合戦」と呼ばれ、たびたび戦場になった所で、その頃に築城されたと思われる。

現在の篠川城跡

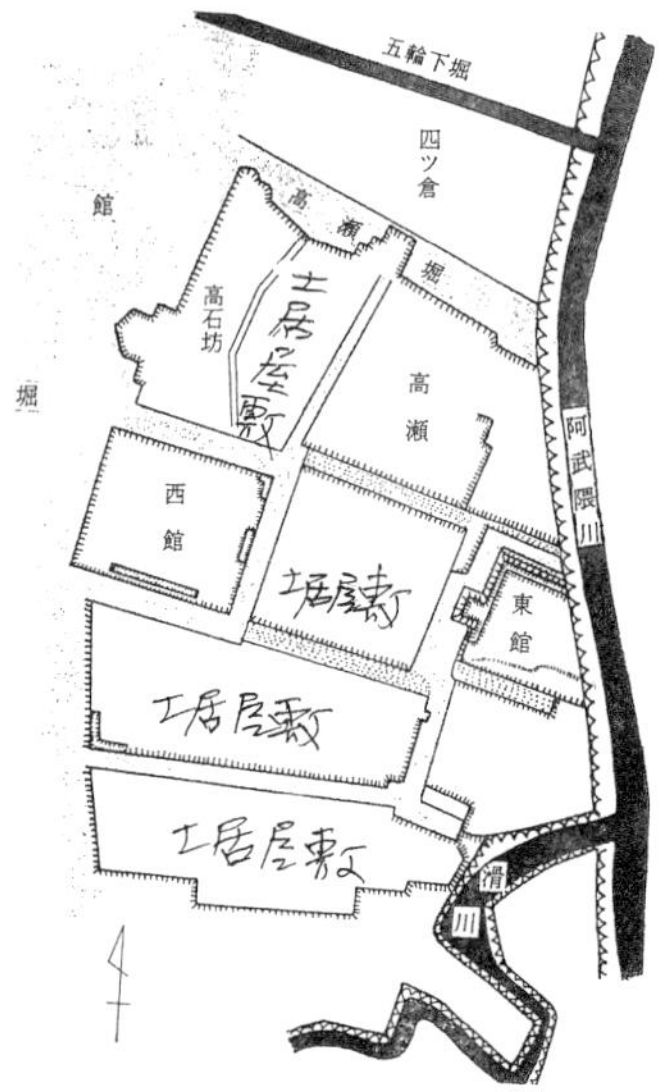

篠川城略図（『日本城郭大系』著者加筆）

篠川城の本郭は東館と呼ばれた。この郭は梯形をなしており、北辺が二六間（約四七メートル）、南辺が五二間（約九四メートル）、西辺は二六間（約四七メートル）あった。郭の周囲には土居が築かれ、北・西・南の三方面に堀があった。北辺の堀は幅一〇間（約一八メートル）で薬研堀（堀の窪がV字形になっている）になっていた。東辺は阿武隈川の段丘となっており、西側の中央付近に、一段高く約六間（約一一メートル）の突出部があり（現在の東館稲荷神社境内辺り）、ここに櫓台があったと思われる。

東館の西方には幅一〇間の堀に囲まれてほぼ四角形或いは長方形の六個の土居屋敷があったと推測されている。

篠川城跡は、阿武隈川と水路で連絡した一種の水濠城郭と見られ、極めて貴重な存在である。

篠川城は、南北朝の争乱の終息後、篠川御所と呼ばれ、応永六年（一三九九）から永享十二年（一四四〇）まで鎌倉公方足利満兼の弟満貞が在城した。

南北朝廷が合体した明徳三年（一三九二）将軍足利義満は、鎌倉公方足利氏満に陸奥・出羽両国を管領させることにした。応永五年（一三九八）氏満が没すると、氏満の跡を継いだ足利満兼は、満直・満貞の二人の弟を奥州に下向させ、満直を稲村城に、満貞を篠川城に入れ、稲村御所、篠川御所と称した。満兼の跡を継いだ鎌倉公方持氏が足利幕府に反抗すると、篠川御所満貞も幕府と結んで持氏に反抗した。しかし鎌倉公方持氏に味方した二本松城主畠山氏・塩松城主石橋氏・石川城主石川氏に攻められ、満貞は敗死してしまった。

篠川御所が滅亡した後、天文二十年（一五五一）から須賀川二階堂氏の家臣須田佐渡守頼隆が城郭の一部に居城した。東館稲荷神社は須田氏の氏神だったと伝えられる。篠川城は天正十七年（一五八九）伊達政宗に攻められ落城した。

慶長八年（一六〇三）徳川幕府は篠川城を廃城にし、ここに奥州街道を貫通させると、城の北方にあった笹川集落を篠川城跡周辺に移した。

郡山市日和田町地区

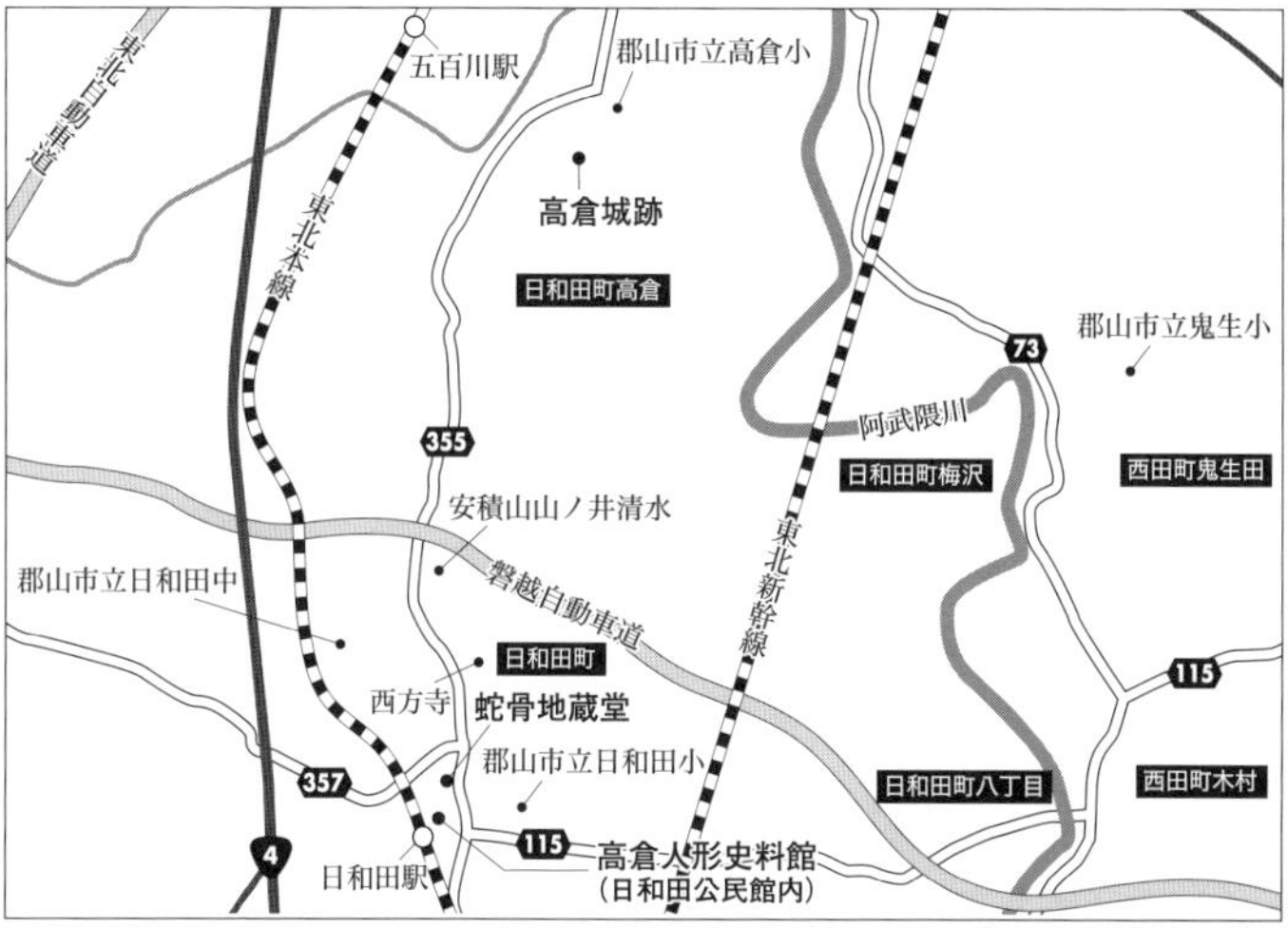

東北自動車道
五百川駅
郡山市立高倉小
高倉城跡
日和田町高倉
東北本線
郡山市立鬼生小
73
阿武隈川
355
日和田町梅沢
西田町鬼生田
安積山山ノ井清水
東北新幹線
磐越自動車道
郡山市立日和田中
日和田町
115
西方寺
蛇骨地蔵堂
郡山市立日和田小
357
日和田町八丁目
西田町木村
4
115
高倉人形史料館
（日和田公民館内）
日和田駅

安積山と山の井の清水及び安積沼と花かつみ

旧奥州街道（現在の県道三五五号須賀川・二本松線）を郡山市街地から逢瀬川を渡り、久保田・福原・日和田と過ぎ、町はずれの日和田坂を上り切ると安積山がある。

安積山はなだらかな楕円形状の丘で、数十株の老松が聳え、その間に桜・紅葉・つつじが茂り、山径の縁や芝生の隅にヒメシャガが植えられている。現在は安積山少年自然公園として整備されている。

公園の入口には、昭和二十九年に建てられた『奥のほそみち』の次の一節が黒御影石の大きな碑に刻まれている。

等窮《躬》が宅を出《いで》て五里計《ばかり》、檜皮《ひはだ》の宿《しゅく》を離れてあさか山有《あり》。路《みち》より近し。此《この》あたり沼多し。かつみ刈比《かるころ》もや丶近うなれば、いづれの草を花かつみとは云《いふ》ぞと、人々に尋《たづね》侍れども、更知《さらにしる》人なし。沼を尋、人にとひ、「かつみ〳〵」と尋ありきて、日は山の端《は》にか丶りぬ。二本松よ

安積山少年自然公園

り右にきれて、黒塚の岩屋一見し、福島に宿る。

安積山は『万葉集』にも収録され、古くから歌枕として知られていた。

安積香山影さへ見ゆる山の井の浅き心をわが思はなくに

右の歌は、伝へて云はく、葛城王《かつらぎのおほきみ》陸奥国《みちのくに》に遣《つかは》されし時に、国司の師承《ししやう》の緩怠なること異に甚《はなはだ》し。時に、王の意《こころ》に悦《よろこ》びず、怒の色面《おもて》に顕る。飲賤《いんせん》を設《ま》くと雖《いへど》も、肯《あ》へて宴楽せず。ここに前《さき》の采女《うねめ》あり。風流《ふる》の娘子《をとめ》なり。左の手に觴《さかづき》を捧げ、右の手に水を持ち、王の膝《ひざ》を撃ちて、この歌を詠《よ》みき。すなわち王の意解け悦びて、楽飲すること終日《ひねもす》なりきといへり。

この歌の詞書きの意味は「葛城王という人が陸奥国に派遣された時、その地の国司のもてなしがはなはだ不充分であった。王は不愉快になり怒りを顔色にあらわし、酒食を用意したが少しも楽しもうとしなかった。このとき前に都で采女をしたことがあり、風流を弁《わきま》えた女子が出てきて、左の手に盃、右の手に水を持ち、王の膝をたたいてこの歌を詠んだので、たちまち王は機嫌を直し、終日飲みあかした」というものである。

『万葉集』の安積山の歌は、一二〇年後に紀貫之が編纂《へんさん》した『古今和歌集』の序文の中で「なにはづに咲くやこの花冬ごもり今は春べと咲くやこの花」とともに、歌の初心者が必ず習うべき歌の手本であるとして掲げ、最大級の讃辞を贈っている。

　山の井清水は、安積山の北側の麓に、石で囲まれた小湧水があり、これが「山の井清水」であるとしている。江戸末期に書かれた『浅香旧蹟』に田圃に接した安積山の山際に「山野井ノ清水」と記し、その場所を示している。

山の井清水

　山の井清水は、片平とここの二つあることになるが、この山の井清水は、江戸時代初期に奥州道中が安積山の山際を通るようになると、水飲み場は当時、貴重な道中資源であることから、安積山の側にある清水という意味で「山の井清水」と呼び、広く利用されていたものと思われる。

安積沼とその沼に咲く花かつみは『古今和歌集』巻一四の巻頭を飾る次の歌により、古くから広く知られていた。

題知らず　　よみ人知らず

みちのくのあさかの沼の花かつみかつみる人に恋やわたらん

（陸奥国の安積沼に咲く花かつみのように美しい人に恋したいものだ）

芭蕉が訪れた頃の安積沼は、『曾良日記』に「アサカ沼右ノ方谷ナリ　皆田ニ成リ沼モ少残ル」という状態で、その後訪れた三浦迂斎も『東海済勝記』の中で「沼は安積山の右の方の群松の後にあり。今は田となりてわずか形ばかり残る」と同様の様子を書いている。

今、日和田の根橋堀にかかるかつみ橋に立って北側を見下ろすと、田圃の中に「安積沼跡」と書いた大きな標式が見える。この辺り一帯が安積沼だといわれる。ここから国道四号線を越えた所に「菖蒲《しょうぶ》池」があるが、これも安積沼の名残りだといわれる。

安積沼に咲く花かつみについては、葉や花の形が似ていることもあり、古くからマコモ《（真菰）》（能因法師の『能因歌枕』藤原範兼の『和歌童蒙抄』）・アヤメ《（菖蒲）》（祇空の『烏糸欄《うしらん》』）・ハナショウブ《（花菖蒲）》（三浦迂斎の『東海済勝記』）などの諸説があった（ハナショウブはノハナショウブの改良種で花かつみが水生であることから私はノハナショウブが花かつみと考えている）。

明治九年（一八七七）明治天皇の東北御巡幸の際、天皇から「安積沼の名物として知られる花かつみを見たい」との希望が出され、地元史家はヒメシャガが花かつみであるとして叡覧に供した。これは藤原知明の『花勝見考』に「花かつみは小ぶりのあやめである」と書いていることや二本松藩儒者大鐘義鳴が書いた『相生集』の中に「花かつみの花の色はさながら菖蒲の如し。葉は早く繁りてその末四面に垂れ、尋常のあやめなどの生えたる姿には似つかず」を参考にヒメシャガにしたものと考える。

ヒメシャガ

現在ヒメシャガは郡山市の市花になっている。

高倉城跡

高倉城跡は、県道三五五号須賀川・二本松線の五百川に架かる五百川橋より南方約一キロメートル余の独立丘陵上に位置する。丘陵の北麓を五百川が東流し、東麓を北流する阿武隈川と丘陵の北東端で合流する。

城はこの両河川に挟まれた丘陵北端の頂上付近（標高三一〇メートル）にある。平地との比高約一〇〇メートルの要害の場所で、戦国期の典型的な山城の形態をなしている。本郭は東西三八メートル、南北四二メートル余りの変則な四辺形で、周囲は高さ二メートル余りの土塁が廻っている。そして外側を幅五メートル余りの帯郭が囲んでいる。城は南側を除き急な崖状を呈し、特に東から北側斜面には階段状に張り出した腰郭が幾重にも取

五百川から眺めた高倉山

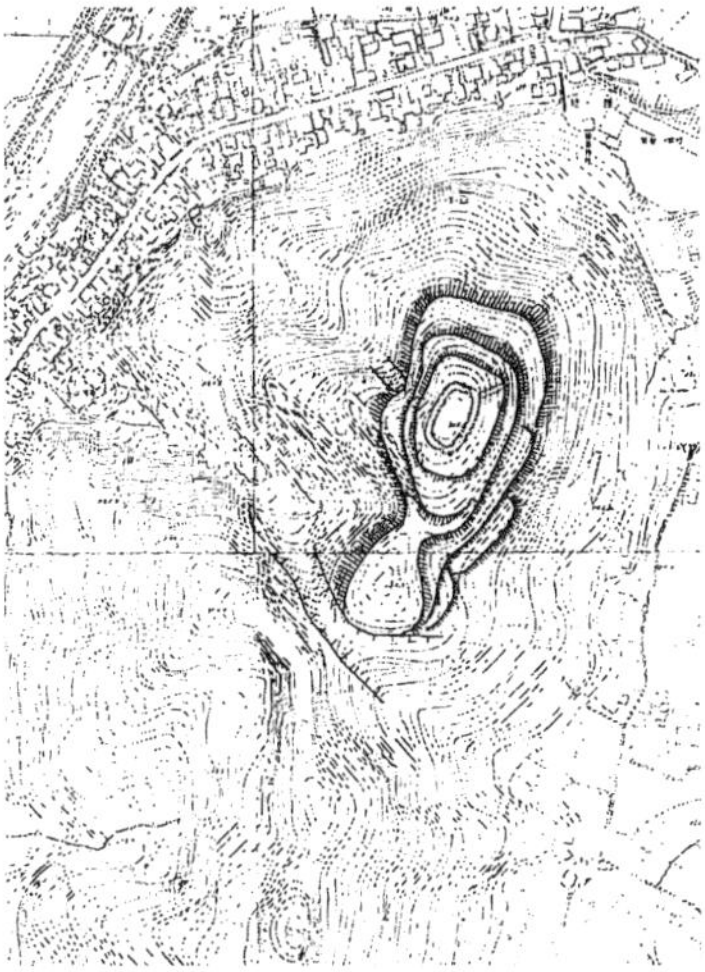

高倉城略測図（『福島県の中世城館跡』）

り付けられ堅固な防壁となっている。南へ続く丘陵には、幅一〇メートル、深さ三メートル余りの空堀が設けられている。高倉城は畠山氏の南安達の拠点で、古道東山道が阿武隈川沿いに城の東麓を通り、西に迂曲して本宮に通ずる交通上の重要な地点にあった。大手はこの街道の通る山麓にあり、石積みらしい遺構も確認できる。

高倉城は、二本松城主畠山満泰の嫡孫畠山政泰が築城し、高倉城主となった。天正四年（一五七六）頃田村氏に与《くみ》したが、後離反し伊達政宗に服し、本宮合戦（「人取橋の合戦」ともいう）では伊達方の将伊東肥前・富塚近江らが派遣され、この城に籠って戦った。

高倉城は天正十八年（一五九〇）蒲生氏の入封により、支城の一つとなったが、元和年間（一六一五〜一六二四）に廃城となった。

蛇骨地蔵堂

日和田町の町中を通る旧奥州街道（現在の県道三五五号須賀川・二本松線）を横森の安積山少年自然公園の方向に向かうと、町の中ほどの左側に蛇骨地蔵堂がある。

蛇骨地蔵堂は、養老七年（七二三）松浦佐世姫が開山したと伝える古堂である。

別当寺を務めた東勝寺は、平安時代の前期頃に、日和田の南方寺池の地に辯応道天により開山され、その後蛇骨地蔵堂の建地に移り、蛇骨地蔵堂を管理していたが、慶長四年（一五九九）の大火で、蛇骨地蔵堂とともに焼失した。

蛇骨地蔵堂

享保三年（一七一八）両堂宇とも二本松藩主丹羽秀延の篤志により再建された。東勝寺は明治九年廃寺となり、その後は西方寺が蛇骨地蔵堂を管理している。

蛇骨地蔵堂には、蛇骨で刻んだという地蔵尊が安置されているが、「蛇骨地蔵堂縁起」によると、これには佐世姫と菖蒲姫《あやめひめ》との恐ろしくも悲しい伝説がある。

昔安積沼のほとりに館を持つ浅香左衛門尉《あさかさえもんのじょう》忠繁《ただしげ》という人がいて、安積・白川を領していた。忠繁には菖蒲姫という大変気立てのやさしい奇麗な姫がいた。

忠繁の家来に安積玄蕃《げんば》時里《ときさと》という人がいて、かねがね菖蒲姫を自分の妻にしようと考えていた。ある日時里は忠繁を自分の館に招いて宴を張り、菖蒲姫を妻に欲しいと頼んだが、忠繁はおまえのような乱暴者に姫はやれないと断ると、時里は怒ってやにわに忠繁を殺し、館まで奪って姫を追い出してしまった。姫が、「父母の許さぬお前に嫁《か》することは出来ない。死んでも父の仇を討ってやる」と言うと、時里は益々怒って姫を沼の中に投げ込んで殺してしまった。すると一天にわかにかき曇り、風起り雨降って雷光物凄く轟《とどろ》いた。村人は姫のために沼のほとりに菖蒲や花かつみを植えて厚く葬《ほうむ》った。

しばらくは何事もなく穏やかに過ぎたが、ある夜のこと安積沼に雷光閃き、大風も吹き、大荒れに荒れると、百丈もある大蛇が現れて、時里の館を取り巻き、家鳴りがしたと思うと館もろとも時里一家をまたたくまに沼の中に引き込んでしまった。

その後は天候不順が続き、五穀は実らず田畑は荒れていくばかりであった。村人はなんとかしなければと沼のほとりに集まって小祠を建てお祈りをすると、沼の中から声がして「私のためにお祭りしても私の恨みは晴れない。今より後毎年三月二十四日に嫁に行かない女を人身御供にすれば祟《たた》りはしない」と言うのであった。

それを聞いた村人たちは、歎き悲しみながらも仕方なく、くじを作り、当った順に娘を捧げていくことになった。

こうして毎年人身御供を捧げ続けたが、三三年目に片平村の権勘太夫の娘になった時、その妻は「都には人買いというものがある。娘に代る人を買い、代役になってもらいましょう」と言うので、勘太夫は同意して都に上り、長谷観音に参詣していると、一人の美しい娘が観音様に「私の身体は金に代えても仕方ありません。どうか父の法事を営ませて下さい」と言って祈っているのを見て、勘太夫は「そうだこの人に頼もう。これも仏様の引合わせだ」と喜び、娘に近寄り話をすると「私は身を売って父の法事を営みたいのです。法会を済ませたら必ず参ります」と約束した。娘は佐世姫といって大和国の長者の一人娘であったが、父を亡くし落魄《らくはく》してしまっていたのであった。

姫は約束を守って安積の里にやって来た。いよいよその日が来たので身代りを頼むと、姫は平然と祭壇に上って行った。やがて安積沼は大揺れに揺れて大風とともに恐ろしい大蛇が現れた。口から炎のような焔を吐き、一口に佐世姫を呑んでしまおうとすると、姫は少しも恐れず「わが家には宝の秘法がある。それを汝に与えよう」と法華経の経文を高らかに読み上げると、不思議にも大蛇は石の上に頭をのせ静かにこれを聞いていた。姫は大蛇の頭をなでながら「お前は人の姿を得て菖蒲姫といわれたが、どうか成仏しておくれ」と言うと大蛇の姿はたちまち消えてしまった。そして美しい女神《めがみ》が佐世姫の前に現れ、「私は御経の功徳

浅香沼蛇枕石の石碑

伝説ゆかりの三十三観音像

によって蛇身の苦しみから逃れることが出来た。どうか私の（蛇の）骨をもって地蔵尊を刻んでおくれ」と言い残して姿を消していった。

それから佐世姫は百日間身を清めて、蛇骨をもって五寸五分の地蔵尊を刻んだ。その満願の日また女神が現れ、佐世姫を雲にのせて大和国の奈良に連れ去っていった。

蛇骨地蔵堂の裏手には、人身御供にされた村の女性三二人と佐世姫の三十三観音像が立っている。また地蔵堂の西方の西方寺墓地の崖の上に「浅香沼蛇枕石」の石碑が立っている。

蛇骨地蔵堂の境内には、県の天然記念物に指定されている樹齢七〇〇年のイチイ（伽羅《きゃら》）の巨木と笠松がある。

日和田鋳物

船引町の大鏑矢神社蔵の鉄鉢銘に「文明十四年（一四八二）六月一日」の紀年とともに「日谷田根岸大工秀次」と鉄鉢鋳造者の名が記されている。

日和田は、近世以前は部谷田《へやだ》、辺和田《へわだ》、戸谷田《へやだ》、日谷田《ひやだ》とも書かれていた所で、根岸は阿武隈川沿岸の八丁目の字名である。慶長年間（一五九六〜一六一五）以前の奥州道中は、福原村から高倉山の東を通って八丁目村を経て本宮に抜けていた。

日和田は南北朝以来、関東鋳物師の東北進出の足場となっていた。これを証するように阿武隈川を挟んで根岸の対岸の西田村鬼母田の広渡寺に下野国宇都宮の鋳物師重景《しげかげ》が鋳造した銅鐘（県重要文化財）が残されている。日和田は鋳物の原料と製品の搬出に便利であったため、関東鋳物師たちは、阿武隈川西岸の根岸一帯に定着していったのである。阿武隈川や藤田川の砂、八幡神社山からの鉄鉱石の採掘、さらに田村郡各地からの鉄鉱石の搬入など資材の入手に便利なことと阿武隈川を使っての製品の搬出、出吹《でぶき》（銅・錫などの材料を運び現地で鋳型を作り鋳物を造ること）の材料の運搬にも便利であったのである。

こうして鋳物師集団は、根岸に定着していったが、慶長十四年から十六年（一六〇九〜一六一一）にかけ従来阿武隈川沿いを通っていた街道が高倉山の西方に移されると、鋳物師集団も日和田に移った。日和田は、日和田水神前から採掘される鋳物用の良質な金山土と大窪地内のハチロー水粘土（細砂を粘土のすまし水で練り合わせたもの）など鋳物用素材があったためで、依然として鋳物適地の条件を備えていたのであった。

二本松藩丹羽氏の頃になると、鋳物の原料の鉄鉱石が不足したため、角田商人によって角鉄或いは角材と呼ぶ南部鉄が、阿武隈川を利用して梅沢村向田河岸に陸揚げされ、日和田まで運ばれ、日和田鋳物を支えた。

日和田鋳物は二本松領内唯一の銅鉄器の生産地として、丹羽氏入部後は城下の町づくりと社寺の移築に力を尽したが、町づくりが終った元禄以降頃から、主に銅鐘・鰐口・擬宝珠のほか鍋・釜・風呂釜・鉄瓶・銚子・火鉢・花生などの生活用品の生産を行った。

こうして日和田鋳物は、二本松藩が「御用鋳物師」の格式を設け、販路・価格の確立を図るなどの保護政策を取ったことから隆盛を極め、日和田の鋳造風景は奥州街道の風物詩であったといわれる。

江戸末期幕府の異国船打払令が出ると、二本松藩御用鋳物師からかね屋佐藤久八郎ら日和田鋳物師は、二本松藩や三春藩の依頼により、大砲五門・五貫目砲二門を鋳造したといわれる。

岩角山那智堂の鰐口

日和田で鋳造した火鉢
(『郡山の歴史』H16, P83)

木幡山銅鐘（市重文・二本松市教育委員会提供）

日和田鋳物の繁盛は、明治二十年（一八八七）頃まで続いたが、東北線開通後運輸交通機関の発達により、俗に「下り物」といわれた大量の生産品に押され、規模の縮小を余儀なくされ、わずかに「日和田鍋」という鍋釜類だけを鋳造し伝統を守った。それもわずかの期間で大正に入ると衰退していった。

日和田鋳物師の鋳造物は、太平洋戦争により殆どが供出され、残されているものは少ないが、現存するものは次のとおりである。

○宮城県船岡町大蔵寺千手堂鰐口
　正徳三年（一七一三）安積郡日谷田住
　大工　殿守三郎左衛門　作
○平長橋慈恩寺銅鐘
○二本松市大平熊野神社銅鐘

寛政元年（一七八九）佐藤三左衛門
佐藤伝兵衛　作

○矢吹町三城目景政寺鰐口

万治元年（一八六〇）石沢佐次右衛門
佐藤良吉　作

○柳津町虚空蔵円蔵寺鰐口

○木幡山銅鐘（二本松市指定文化財）

高倉人形

高倉人形は、浄瑠璃語りに合わせて人形を操る人形浄瑠璃に使われる人形である。

高倉の人形浄瑠璃の起源は明らかでないが、寛文の頃（一六六一〜一六七三）兼田卯源次が数十躯の人形を作り、仲間とともに、米沢・仙台・会津・水戸の各地を巡行して歩いたと伝えられている。

土地の古老の話によると、明治に入り、大越久太郎が座長となり、渡辺与三郎・町田弥作・橋本粂治・渡辺五郎兵衛を伴って各地を巡行して歩いたが、明治二十年頃には廃絶になってしまったという。

高倉人形は、三人使いの人形で、人形は四十数躯残っているが、好評の演目は、太閤記三段目・一〇段目、朝顔日記、伽羅千代萩、忠臣蔵、番町皿屋敷、安達ヶ原三段目袖萩の段、一谷嫩軍記組討の段、大能大三郎であったといわれる。

廃絶後人形は、高倉の山清寺に保存されていたが、今は高倉人形史料館が作られ、朝顔日記、阿波の鳴門、太閤記三段目など浄瑠璃本数冊とともに、高倉人形の頭《かしら》一三体、太鼓胴、幔幕（「吉田大越座」の文字があり、大阪文楽のように吉田姓を名乗っていたようである）が収蔵されている。

太鼓胴には、三春の太鼓師が胴中に書いた、延享四年（一七四七）・宝暦四年（一七五四）・安永二年（一七七

高倉人形の実物

高倉人形の数々

三）・寛政四年（一七九二）・嘉永五年（一七五二）の修復銘があり、このことから高倉人形は江戸時代末期に全盛期を迎え、盛んに興行が行われていたことが明らかである。

高倉人形は、人形の頭の造りから見て、二〇〇年以上も古い貴重なものであるとして、福島県重要文化財に指定されている。

郡山市富久山町地区

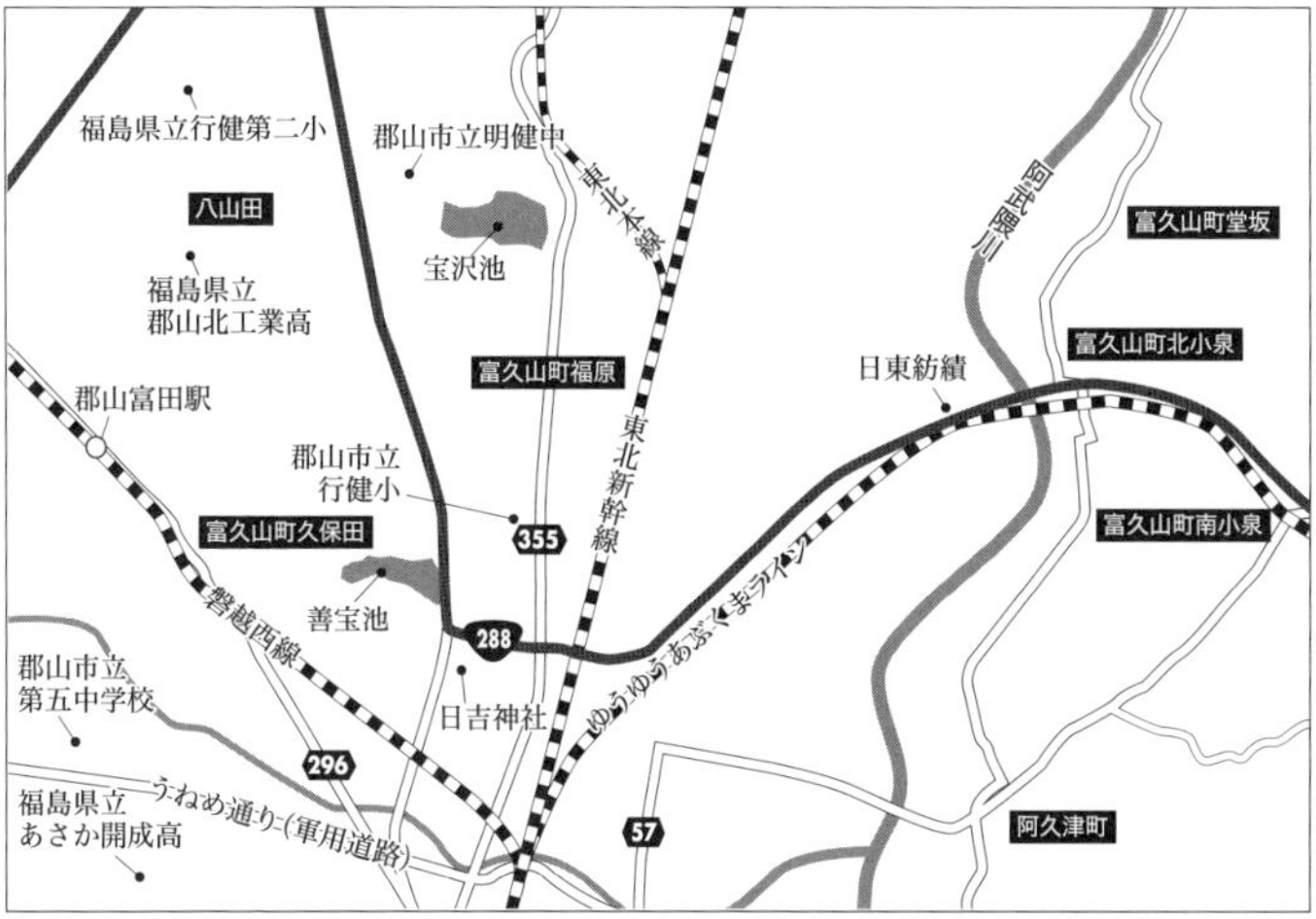
福島県立行健第二小
郡山市立明健中
東北本線
八山田
宝沢池
阿武隈川
富久山町堂坂
福島県立
郡山北工業高
富久山町北小泉
富久山町福原
日東紡績
郡山富田駅
東北新幹線
郡山市立
行健小
355
富久山町久保田
富久山町南小泉
善宝池
磐越西線
ゆうゆうあぶくまライン
288
郡山市立
第五中学校
日吉神社
296
福島県立
あさか開成高
うねめ通り(軍用道路)
57
阿久津町

富久山町の遺跡 ―― 山王館遺跡・柿内戸《かきうど》遺跡など

富久山町には、縄文時代遺跡の山王館遺跡・堂後夢田遺跡・妙音寺遺跡と奈良・平安時代の遺跡の鳴神《なるがみ》遺跡・柿内戸遺跡がある。

山王館遺跡は、富久山町久保田の阿武隈川西岸の高い洪積台地上に位置する縄文時代中期から平安時代にかけての遺跡で、山王山にあった山王館跡との複合遺跡であることから山王館遺跡と呼ばれている。山王館は、天正十六年（一五八八）、伊達政宗がこの山に陣を敷き、佐竹・葦名の連合軍と戦った「郡山合戦」の古戦場である。

この遺跡は、大正時代から研究者に知られており、遺跡近くの人が完形に近い縄文土器を所有していた。

昭和四十一年から三次にわたる発掘調査の結果、縄文時代中期の袋状土坑（フラスコ形ピット）二三基・平安時代の竪穴住居跡一棟・掘立柱建物跡一棟・溝跡三条が検出された。

遺物は、縄文土器・三角鋳状《さんかくちゅう》立体土製品・土偶・土師器・須恵器・石器（石錐・石匙・石鏃・石斧など）が出土した。土器は、土坑内から深鉢・肩部に四個の突起を持った大型土器・連続刺突文を持つ浅鉢・口縁部に二個組の突起を四か所に配した小型浅鉢・香炉形土器があった。

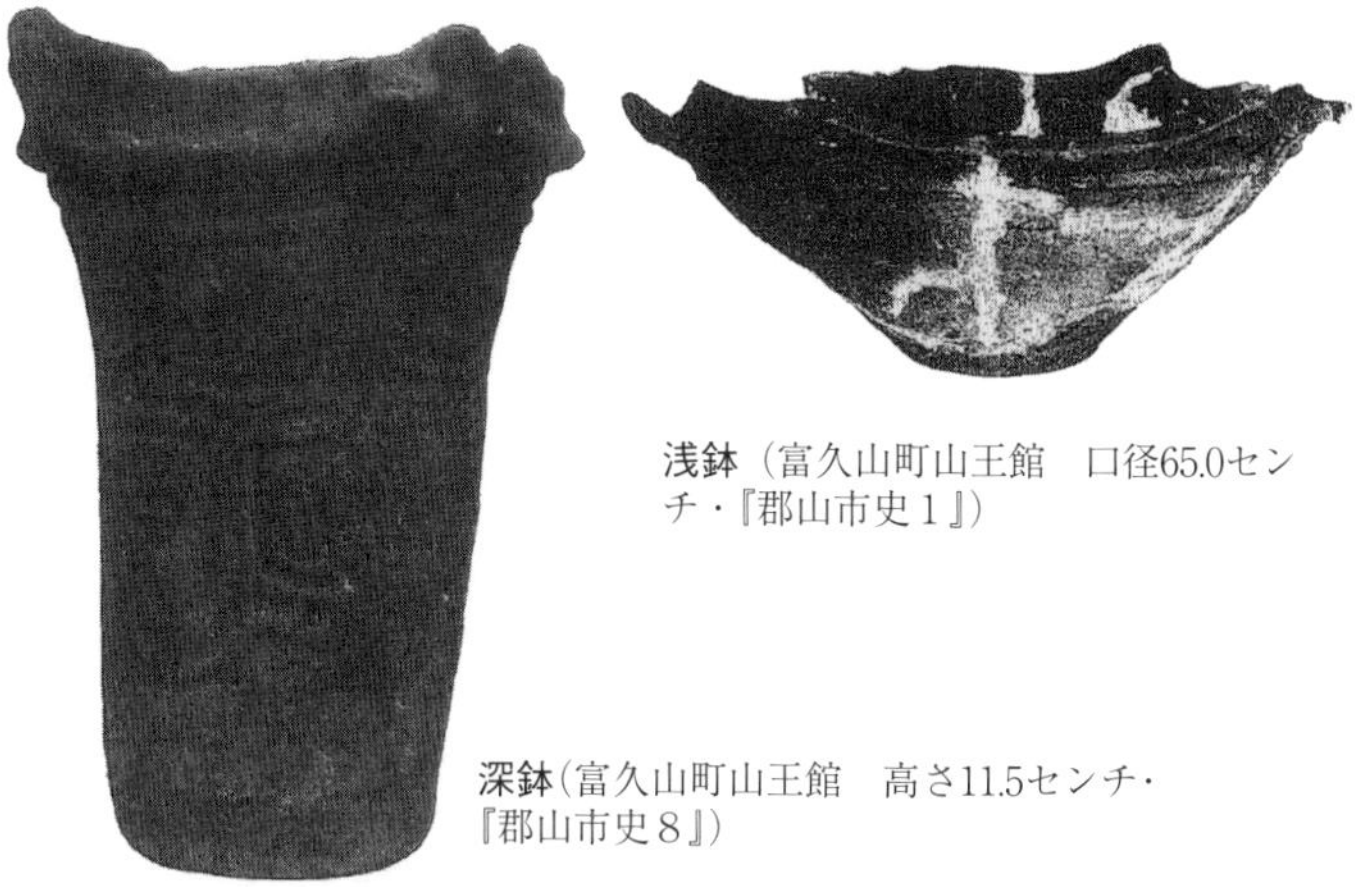

浅鉢（富久山町山王館　口径65.0センチ・『郡山市史１』）

深鉢（富久山町山王館　高さ11.5センチ・『郡山市史８』）

浅鉢は口の部分が六五センチもある大きなもので、県内でも類例のないものである。

土坑が袋状に口部を小さくしていたのは、死者が抜け出るのを恐れる感情を表したもので、人骨は発見されなかったが、遺物が少量であったことから墓であったと推測されている。

堂後夢田遺跡（富久山町堂坂字堂後・夢田）は、国道二八八号線と県道七三号線が合流する地点から北東に〇・七キロメートル離れた阿武隈川を西に見下ろす丘陵上にある。

昭和六十一年から平成七年にかけ発掘調査が行われ、縄文時代前期の竪穴住居跡や多数の土坑が検出された。土坑は貯蔵穴や落とし穴として使用されたらしく、貯蔵穴は一つの地区にまとまって見つかり、また落とし穴は丘陵上を幾筋にも並ぶように配置されていた。

堂後夢田遺跡貯蔵穴群（『ふくしまの遺跡』）

妙音寺遺跡　多くの土器が入った土坑（『ふくしまの遺跡』）

そのほか、石器作りを行った壕の跡や石器を保管した穴も見つかり、二つの穴から同じように形が整えられた矢鏃が重なって見つかった。

妙音寺遺跡（富久山町堂坂字寺代）は、堂後夢田遺跡の南方三〇〇メートルにある遺跡で、平成六年から七年にかけて発掘調査が行われ、縄文時代中期（約五〇〇〇年前から四〇〇〇年前）のフラスコ状土坑一九〇基が見つかった。この土坑は地面を掘り窪めた深い穴で、口が狭く底にいくほど広くなるというものである。この土坑の中には三三個もの土器が一緒に入っていたことから、食料を土器に入れて貯蔵していたと推定されている。また土器の中には、ひも状にした粘土で渦巻の模様を作ったり、豪華な突起を付けた飾り付土器もあった。

鳴神遺跡（富久山町福原）は、阿武隈川西岸の標高二三〇メートル前後の氾濫原上に立地する縄文時代早期末から奈良・平安時代にかけての集落遺跡である。古くから石鏃が採取されることで知られていた。昭和四十九年から五次にわたる発掘調査が行われ、竪穴住居跡三九棟・掘立柱建物跡三棟・溝跡九条・土坑一九九基が検出され、遺物として土師器・須恵器・鉄製品が出土した。隣接した西側に柿内戸遺跡、東側に西原遺跡がつながり、本来はこの三遺跡が五〇〇メートル四方の範囲に立地する同一集落と考えられる。出土土師器から見て古墳時代末期から集落の形成がはじまり、奈良時代に増加し、平安時代中期以降住居が減少し、平安時代後期には集落の活動が停止したと思われる。

柿内戸遺跡（富久山町福原字柿内戸）は、鳴神遺跡の西に隣接し、本来は同一遺跡とみられている。

昭和五十年から五十四年まで発掘調査が行われ、竪穴住居跡三〇棟・掘立柱建物跡四棟・土坑一〇九基・溝跡九条が検出され、遺物として土師器・須恵器が出土した。土坑の殆どは、フラスコ状で、落とし穴に使用されていたらしく、何か所もまとまって造られていたり、幾筋にも並ぶように配置されていた。

注目される遺物は、住居跡から出土した鉄製紡錘車・刀子とともに出土した青銅製巡方一点と墨書土師器一八点で、土師器には「平」「神」「有」などの文字が書かれていた。

この遺跡は出土遺物からみて、奈良時代から平安時代後期に営まれた集落と思われる。

安積盆地の溜池築造と新田開発

安積盆地は、東は阿武隈川を境に阿武隈高地の西麓に接し、西は奥羽山脈の東側に位置する高旗山と額取山を結ぶ断層線で区切られ、南は三穂田町、安積町に広がる牛庭原で、須賀川の館ヶ岡から仁井田・滑川に至る丘陵線で接し、北は五百川を境とした広大な面積を有する。その盆地床は、殆どが台地となっており、その上部は洪積層に覆《おお》われ、さらにその上に大槻扇状地の堆積土が重なるという地勢になっている。

この洪積台地を、五百川・藤田川・逢瀬川・笹原川が浸食して峡谷状をなしながら東流し、阿武隈川に合流する。台地面と河川との高低差が大きく、河川の水は農業用水として利用することができず、安積疏水ができるまでは、対面ヶ原・広谷原・庚坦原・大槻原・大蔵坦原・四十坦原・牛庭原など、広大な未開地が残されていた。

このため近世までは、浸食谷頭部に溜池や小型の堰を築いてわずかな用水により新田開発を行ってきた。

　蒲生氏郷と上杉景勝は、安積郡内での新田開発は行わなかったが、加藤嘉明《よしあき》は、寛永四年（一六二七）会津に入部すると、藩財政改善のため、年貢の引上げと並行して、郡山村の荒池・小原田村の五百淵池・福原村の宝沢池などを築造し、積極的に新田開発を行った。

現在の宝沢池

　これら溜池の築造は藩主導で行われ、宝沢池には次のような伝承が伝わる。（田中正能監修『郡山の伝え語り』より）

　福原の宝沢池は、蒲生秀行の代に堤防工事に着手したが、寛永四年加藤嘉明が会津に移封すると、普請奉行出嶋九右衛門を現地に派遣し、岩瀬・安積・安達・田村の四郡から延四六二八人の人員を集め、寛永七年（一六三〇）に完成した。堤防の長さは一二〇間（二一八メートル）、幅七三尺（二二メートル）、高さ二五尺（七・六メートル）、堤面に石垣を築き、水面二一町歩（二〇八五三平方メートル）周囲一里（四キロメートル）の大工事であった。工事が完成すると村人は大喜びし、堤の北に水神、南に恵比須の宮を祀り、毎年七月二十四日には土手祭りを行った。

また五百淵池についても、池畔の碑によると「五百淵池はもと名倉池といい、寛永七年加藤嘉明の時代に築かれ、普請奉行林弥五郎、小坂彦作が担当した」と書いている。

二本松藩は加藤氏と同じく、白河藩時代に引き続き積極的に領内開発に取り組んだ。開発は初め藩主導により、主に代官所付人天を繰り出し工事を行ったが、享保頃（一七一六〜一七三六）から、新発《しんぱち》地《ぢ》形《がた》（新田開発をした者は〇年間年貢無用と書いた地形）を発行して、農民・商人或いは村請負により新田開発を行わせた。しかし新田開発は用水開発も必要となるため、多くの場合村請負により溜池築造とともに行われていった。

郡山村では、承応二年（一六五五）に離森池、明暦二年（一六五六）に下の池、貞享二年（一六八五）に葉の木沢池を築き、新田五〇町八反を開発した。

久保田村では、慶安三年（一六五〇）に善宝寺池、天和三年（一六八三）に金堀池、貞享二年に空谷地池と葉山池を開削し、新田高五六石を上げた。

福原村では、慶安二年（一六四九）戸井田池と泉崎池、承応三年（一六五四）に宗角坊池、寛文二年（一六六二）に古内池、貞享四年（一六八七）にかつ沢上池が開削され、新田高一一三石を上げた。

八山田村では、明暦元年（一六五五）当寺たけ池、万治三年（一六六〇）下伊豆堰、延宝五年（一六七七）かつ木沢池、貞享四年からや池、同五年牛ヶ池・大井池、元禄六年（一六九三）さるた池が開削され、新田高一一二六石を上げた。

このような溜池の築造の様子は、元禄十四年（一七〇一）に二本松藩が書いた『郡山組池堰帳』に詳しいが、その一部を抜粋すると、

承応二年出来仕候
はなれ池　一万八千六百拾二坪
明暦二年出来仕候
下之池　　一万千二百二拾坪
郡山村名主　半之丞㊞

現在の善宝寺池

同　長大夫㊞

但シ御見立奉行山岡権右衛門様

と記載されており、この文面から推察すると、適地を見つけると、溜池築造を村名主名で藩に申請し、許可されると村の請負いで、村内外から工事人夫を集めて工事を進め、出来上がると見立奉行の検分を受けて溜池は完成するという仕組みになっていたと思われる。

明治に入り、安積疏水の完成と相まって安積盆地の開拓が進められるが、それ以前においても、安積盆地の村々では、乏しい水ながら必死になって溜池を造り、新田開発に取り組んだ様子が、この『池堰帳』から容易に見て取ることができる。

郡山市富田町・喜久田町地区

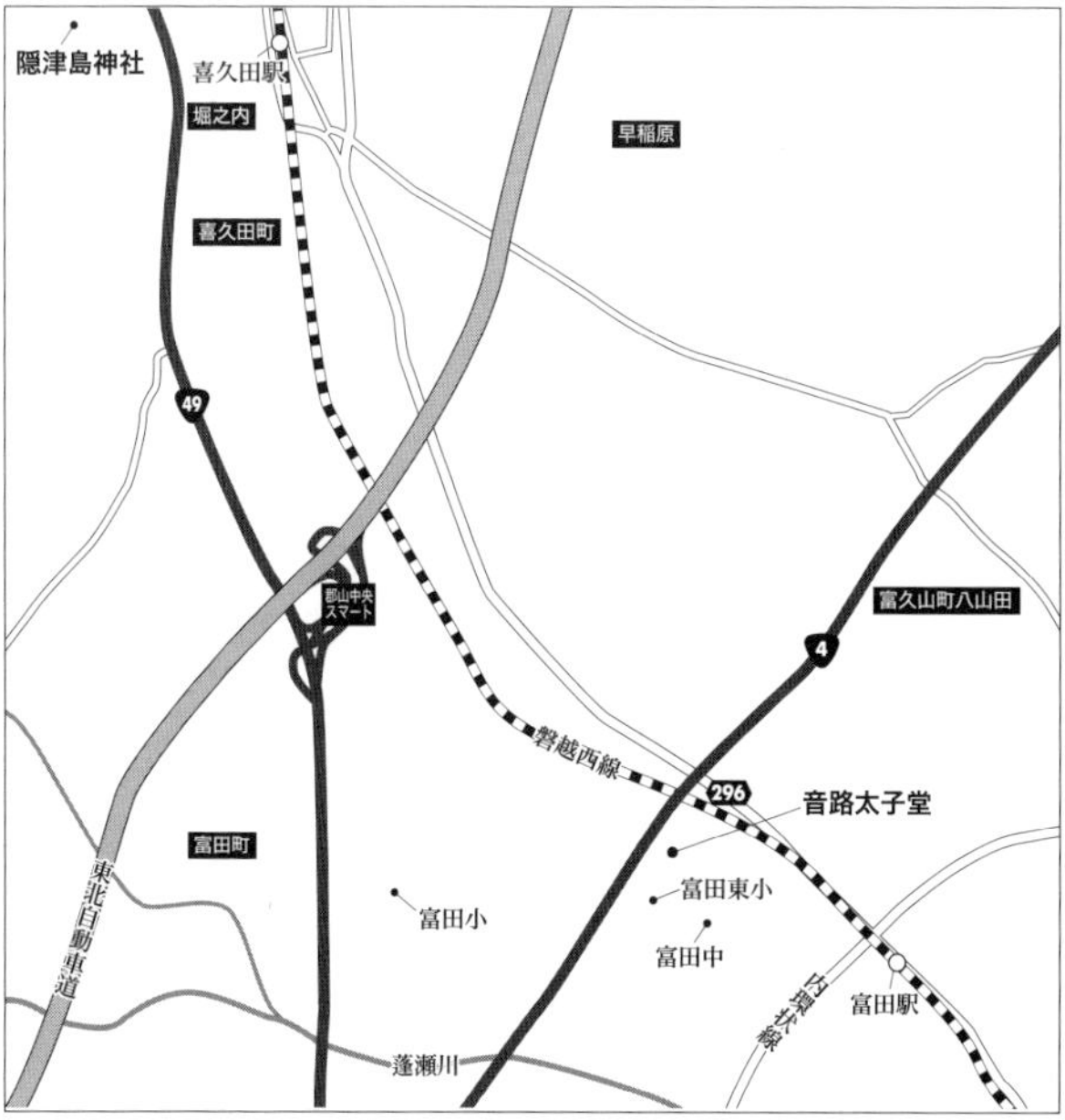

音路《おとろ》太子堂

音路太子堂は、ＪＲ磐越西線に並行して走る県道二九六号荒井・郡山線沿いの富田町字音路にある。

安政四年（一八五七）に富田幹《かん》によって書かれた『太子堂縁起』によると、一条天皇の長保年間（九九九～一〇〇四）に、三十六歌仙の一人である歌人の源重之《しげゆき》が、陸奥守として京都から派遣された藤原実方に同行しこの地に来て、富田建継《たてつぐ》の荘司屋敷に滞在中に聖徳太子の像を彫り、菜園にある小屋の中に安置して祀ったのが太子堂の起源で、当時の御堂は現在地より東南の地にあったといわれる。

その後建継から四代目の短継《のりつぐ》の時、荘司の職が廃止され、所領が没収されると、御堂は荒れ果てて大破してしまった。子孫の富田雄心入道祐義《すけよし》が御堂を再建して太子寺とし、磐梯恵日寺の末寺となった。この時の太子堂は、講堂・鐘楼・経蔵など七堂伽藍を備えた堂々たる寺院で、

音路太子堂全景

京都東本願寺に名を残す「安積門従」の拠点であったといわれる。それを裏付けるように、太子堂付近には、寺窪・道場・寺沢・阿弥陀前・蓮池・三御堂・鐘堂などの地名が残され、嘉元三年（一三〇五）から延文年間（一三五六〜一三六一）までの紀年銘のある石造供養塔婆一〇基が残されている。偈《げ》文は、いずれも阿弥陀三部経（阿弥陀経・無量寿経・観無量寿経）から取られたものである。

しかし、音路太子堂は、天文十三年（一五八五）の伊達政宗と会津葦名氏の戦いにより、富田八館（向館・出雲館・山王館・赤沼館・瓜坪館・備前館・桝形館・小林館）とともに焼かれてしまった。

この後清覚という僧によって再建され、元会津蒲生家の普請奉行として福原の宝沢池の築造に携わっていた快安が堂守となった。快安は堂守をしながら、文盲で貧しい村人の育成教化に努め、孤児や病人を救済しながら、土木水利事業を指導して、村の発展に尽力した。

その後安積地方が二本松藩丹羽家の所領となり検地をすることになると、富田村の検地は快安に委任された。快安は、立派な年貢収納の方法を確立して村人の利益を図ったので、藩は快安の功を讃え、富田村に対し諸課役を免ずるなどの破格の厚遇を与えた。

村人たちは、快安亡きあとの享保十四年（一七二九）、その慈恩に感じ遺徳を偲んで快安地蔵尊を建立して快安を供養した。台座には当時の能書家として知られた荒井貞立の筆による銘文

甕（富田町　高さ30.0センチ・『郡山市史８』）

音路太子堂の層塔

が刻まれている。

元文元年（一七三六）正月、燈明の火がしめ縄に燃え移り太子堂は焼失してしまったが、堂守大和田常安の非常な尽力により、延喜元年（一七四四）二間（約三・六メートル）四方の堂宇が再建された。それが現在の太子堂で、境内にはその功績を讃えた常安の碑が立っている。

太子堂の石段を登ると、右側に石造層塔がある。塔身、笠とも別々の状態で付近の水路や田圃に打ち捨ててあったのを集めて現在地に復元したもので、塔の配列順序は明確でないとされる。

この層塔は風食が激しく、年代も製作手法も判らないとされるが、笠の軒口が厚く垂直に切られていること、塔身が八角形であること、梵字も彫られていない素朴なものであることから、鎌倉時代中期頃に造られたものと推定されている。

太子堂音路遺跡は、昭和五十年と平成七年の二回にわたって発掘調査が行われ、瓦を焼いた窯跡や数次にわたる建物跡、お寺を囲っていた堀跡（幅三・二メートル、深さ一・七メートル）、塚が検出された。発見された遺物は、瓦・壺・陶磁器・花瓶など鎌倉時代から室町時代にかけての貴重なもので、太子堂が東北地方でも有数の寺院であったこと、強い勢力を持っていたことを証明している。

堀の内の隠津島神社

喜久田町堀の内の隠津島神社は、郡山市街地から国道四九号線を磐梯熱海温泉に向かって進むと、喜久田町の中ほどに、杉の大木に囲まれてこの神社がある。

この神社の由来は、神宮寺であった医王山阿弥陀院竜角寺が、嘉永元年（一八四八）焼失したため、隠津島神社の古記録を失い、創建年代、創建者ともども不明である。

現在隠津島神社を名乗る神社は、郡山市喜久田町堀の内、郡山市湖南町福良、二本松市木幡の三つがあり、郡山市上伊豆島の鹿島神社も、古くは隠津島神社であったという。

熱海町のこの辺りの旧村名は、西を上伊豆島村（上津島）、東を下伊豆島村、奥を角津島村といい、角津島は堀の内村の初名といわれ、永享十一年（一四三九）の「安積三郷田地注文書」には角津島村の名が見える。延長五年（九二七）に完成した『延喜式』の中の巻十神祇神名（この部分を「延喜式神名帳」と呼んでいる）では、隠津島の訓《よみ》を「カクツシマ」と読んでおり、このことから堀之内の隠津島神社は、安積三座（「延喜式神名帳」に安積郡内では宗奈巳呂和気神社・飯豊和気神社・隠津島神社があり、これを俗に「安積三座」という）の一つの隠津島神社に該当する資格を持つといえる。『相生集』でも「堀之内村に鎮座します御神是なり」と書いている。

堀の内の隠津島神社社殿

しかし、木幡の隠津島神社は、東北地方の天台宗の布教に大きな役割を果した治陸寺を別当寺に持つ古社であることや福良の隠津島神社も、宝永八年（一七一一）神祇官領卜部氏より隠津島神社の社号が許されていたとの伝承もあり、どの一つが安積郡三座の隠津島神社であると判断するのは困難である。

延喜式内社で、同一名の神社が複数ある場合を「論社」と呼ぶが、創建年代もはっきりしない以上、論社と判断することもできない。

堀の内隠津島神社については、福良の隠津島神社の伝承に、隠津島の分霊が上伊豆村に移りさらに喜久田村に移ったとされており、現在のところ、いずれの隠津島神社も、安積郡三座の一つの隠津島神社に有縁の神社だと考えるのが妥当であると思われる。

郡山市熱海町地区

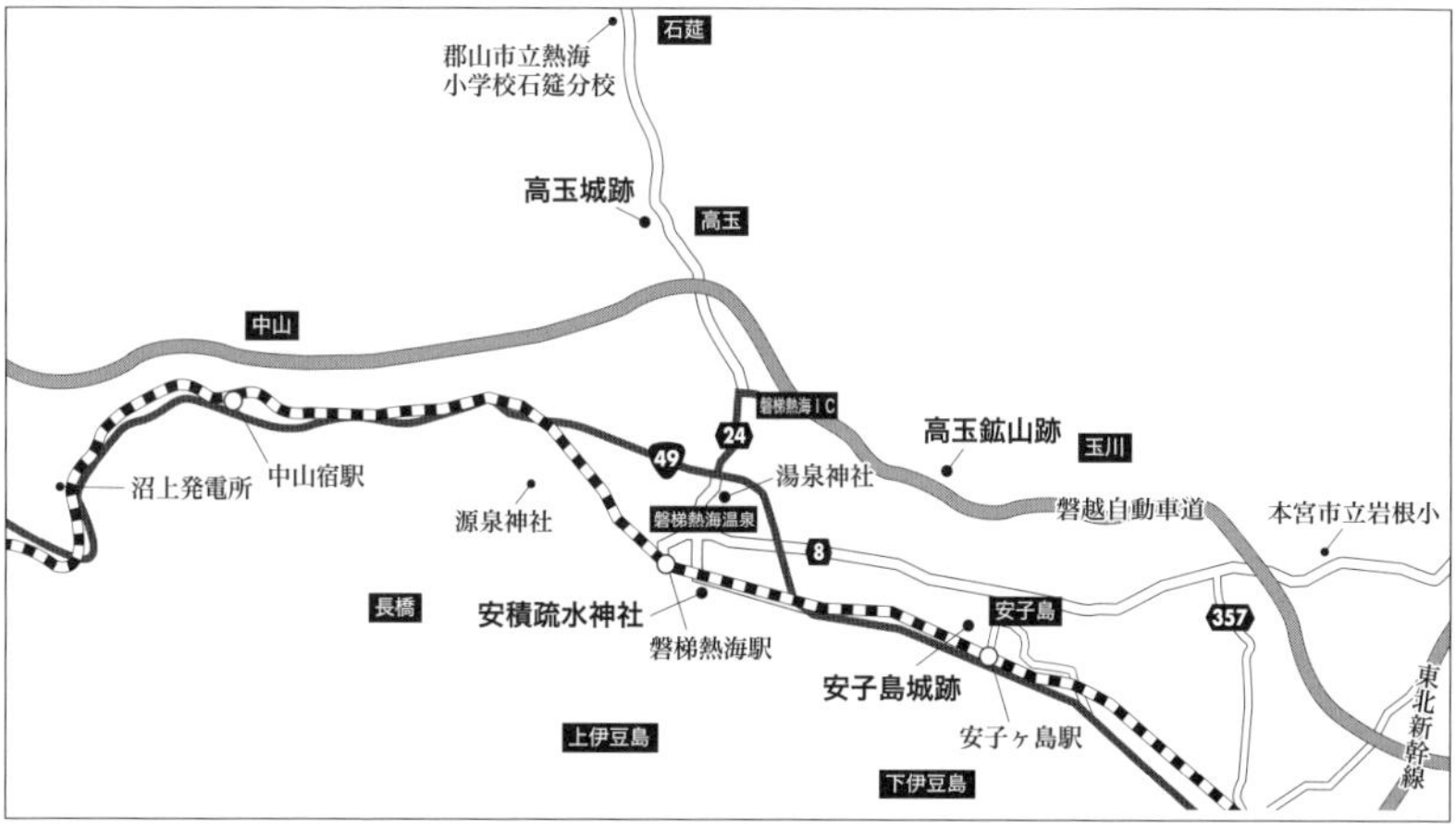

石筵
郡山市立熱海
小学校石筵分校
高玉城跡
高玉
中山
磐梯熱海IC
24
高玉鉱山跡
玉川
49
湯泉神社
沼上発電所
中山宿駅
源泉神社
磐越自動車道
本宮市立岩根小
磐梯熱海温泉
8
長橋
安積疏水神社
磐梯熱海駅
安子島
357
安子島城跡
安子ヶ島駅
東北新幹線
上伊豆島
下伊豆島

熱海町の縄文遺跡

熱海町は、郡山盆地の西端、安達太良山地の南麓の丘陵地帯で、江戸時代には二本松と会津を結ぶ二本松街道が通っていた。

この町の遺跡には、縄文時代の遺跡である中ノ沢A・新田B遺跡・滝ノ口遺跡・熱海遺跡・雇沢《やといざわ》遺跡・びわ首遺跡がある。また鎌倉時代の城郭遺跡である舘ノ越遺跡がある。

JR磐越西線中山宿駅の北側に広がる丘陵の緩斜面には八つの縄文遺跡がある。

中ノ沢A・新田B遺跡（熱海町中山字中ノ沢・北ノ城）は、それらの中のふたつで、中山宿駅から北に〇・七キロメートルの磐越道の横切る辺り一帯を占めている。

中山宿駅北側の緩斜面の現状（『ふくしまの遺跡』）

この遺跡は、昭和六十二年、六十三年と発掘調査が行われ、竪穴住居跡や多数の土坑が見つかった。土坑は貯蔵穴や動物を捕らえるための落とし穴として使われたとみられている。遺物としては土器や石器とともに、炭化した籠《かご》のような編み物とクルミの実が発見された。出土した編み物は、貯蔵穴の底面から見つかったもので、篠竹や蔓《つる》のような断面が丸い植物繊維を裂いて作られ、編み方もやや複雑に編み、装飾効果をあげている。木の実などを籠に入れ、地下に貯蔵するために使われたと考えられる。この編み物は、縄文時代早期後葉（六五〇〇年前）頃に編まれた日本最古の編み物と考えられている。

滝ノ口遺跡は、中山宿駅北側の緩斜面で見つかった遺跡の中では最も奥地にある遺跡で、中山宿駅からは北に約二キロメートル離れている。

昭和六十二年に発掘調査が行われ、竪穴住居跡一棟と弥生土器が検出された。住居には中央に石を円形に並べた石囲炉があった。

弥生土器は、縄文土器の文様に似た縄目の

縄文早期の編み物（新田B遺跡・『郡山の歴史』H16, P7）

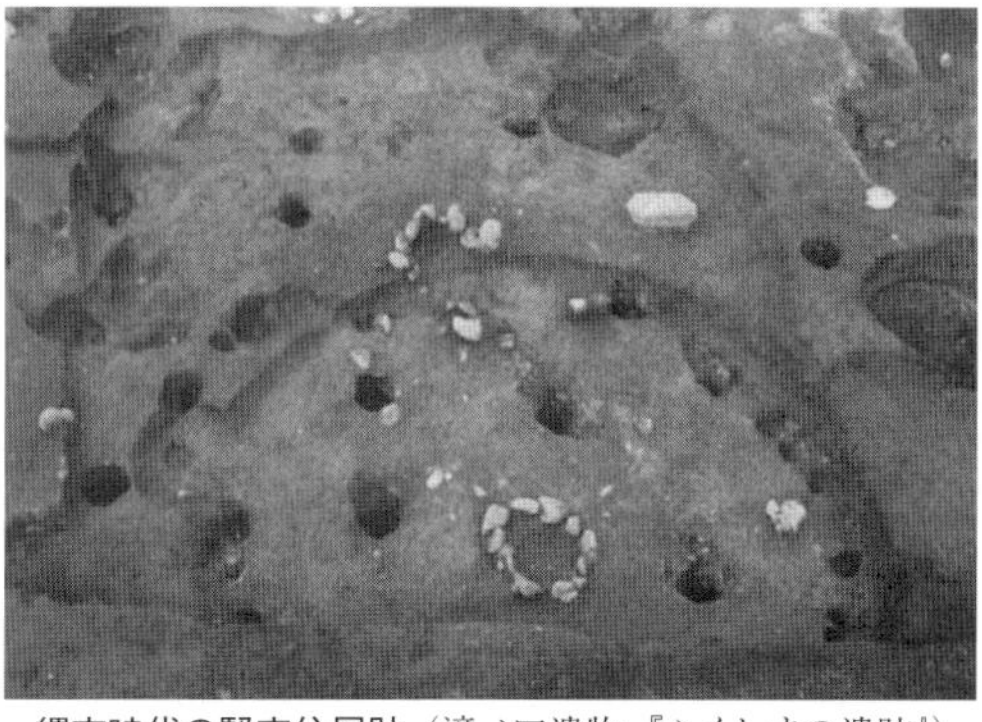

縄文時代の竪穴住居跡（滝ノ口遺物・『ふくしまの遺跡』）

深鉢（熱海町熱海　高さ24.0センチ・『郡山市史８』）

甕（熱海町熱海　高さ30.0センチ・『郡山市史８』）

甕（熱海町熱海　高さ19.0センチ・『郡山市史８』）

深鉢（熱海町熱海　高さ36.0センチ・『郡山市史８』）

文様が施されており、縄文から弥生に移行する時期の土器として貴重なものである。

　熱海遺跡は、ＪＲ磐越西線磐梯熱海駅構内から五百川までの約五ヘクタールに及ぶ遺跡と考えられている。

　昭和三十九年から三次にわたる発掘調査が行われ、三本又は四本の柱を持つ竪穴住居跡、直立に埋蔵した土器四〇点と、この埋蔵土器を取り囲むように三か所から石組が見つかった。

　出土した土器は、縄文時代後期前葉から晩期前葉までの土器で、大きな把手の付いた深鉢・口径に独特の隆帯文を巡らし、胴部に沈線で斜格子状の文様を入れた深鉢・頭部がわずかにくびれ、太鼓状の胴をした深鉢・上半部が緩く開いた深鉢形土器で口縁部に小把手を付け、口縁下に刻みを付けた隆線文を二重に巡らし、その下に磨消縄文（表面に縄目を付け、鋭利な工具で区画した後に、部分的に縄文を消す手法）手法による文様を施した土器など、一五種の文様を持つ土器があった。

その他の遺物では、褌《ふんどし》状のものを着用した土偶・箆《へら》状土製品のほか、有茎石鏃・石棒・石剣・石斧・石匙・石錘などの石器類が見つかった。石鏃の中には、長さ六ミリから八ミリほどの非常に小型のものがあった。

遺構としては、直径四〇センチほどの石囲炉と直径六〇センチほどの石囲炉が、柱穴とともに見つかった。直径数メートル前後の竪穴住居跡と推定されるが、住居の全体像は判らない。

雁沢遺跡（熱海町玉川）は、五百川とその支流の石筵川に挟まれた河岸段丘上に立地する縄文時代晩期の集落跡である。

昭和四十四年に発掘調査が行われ、複合した二種の住居跡と配石遺構、ピット（土坑）が発見された。

住居跡は、近接した大小二つの竪穴住居で、大小二つの石囲炉があり、小型住居は小型炉を中心として長径四・八メートル、短径四・一メートルの円形住居跡で、周溝が巡らされており、周溝の内側ばかりでなく、周溝中にも柱穴があった。このことから大型住居は、小型炉を持つ

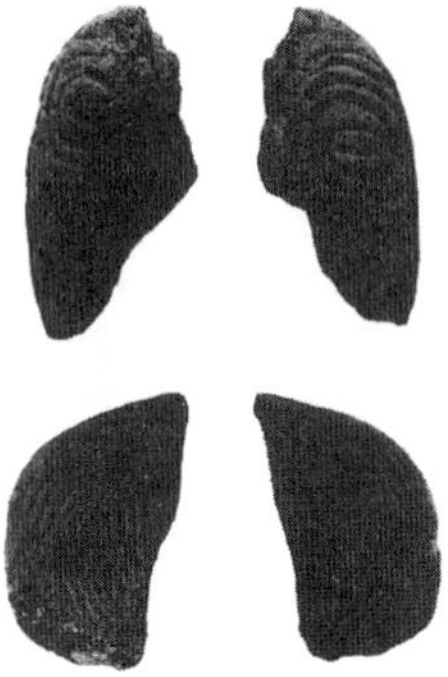

土版（熱海町雇沢・『郡山市史１』）

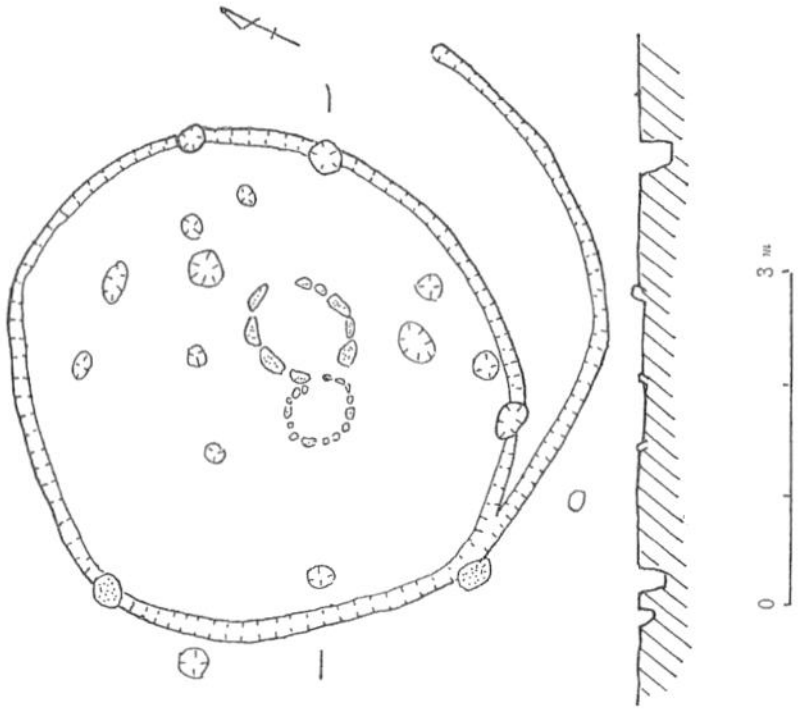

雇沢遺跡の住居址実測図（『郡山市史１』）

壺（熱海町雇沢　高さ25.0センチ・『郡山市史８』）

深鉢（熱海町雇沢　高さ14.5センチ・『郡山市史８』）

住居を拡張した住居跡と考えられている。

　住居内から意図的に破壊された土器、土版、土偶が出土した。

　土器は、縄文後期後半の入組文を持つ土器片・櫛目文を施した深鉢・三叉文を持つ土器片・不明確な雲形文を持つ浅鉢・浮雲帯を千鳥形に配した浅鉢・頸部に雲形文を配し、胴部に斜格子状撚糸《ねんし》文を施した長胴形壺などであった。

　石器では、無茎石鏃・有茎石鏃・石錘・石匙・石斧・磨石・石棒などがあった。

びわ首沢遺跡（熱海町中山字びわ首沢）は五百川北岸の河岸段丘上に立地する縄文時代中期後半から後期初頭の集落跡である。

昭和五十四年に発掘調査が行われ、複式炉を持つ竪穴住居跡三八棟・地床炉を持つ住居跡一棟・石囲炉跡二基・土坑三七基が検出された。調査した約一二〇〇平方メートルの範囲から三五基という多数の複式炉が検出され、一〇基に切組（あらかじめ石を組み合わせておくこと）が認められた。遺物は、縄文時代中期後葉から晩期末葉にかけての土器・土製品・石器・石製品が出土した。

安子島城跡と城跡遺跡

安子島城は、ＪＲ磐越西線安子ケ島駅の北西に広がる総面積一二〇、〇〇〇平方メートルの広大な面積を占める平城である。奥州戦争後、源頼朝より安積郡を与えられた安積伊東氏ゆかりの一族が築城したといわれる。「仙道諸家一揆連判」に「阿子島　藤原祐善」という名が見える。

平成四年安子島城跡の西部分およそ一二、〇〇〇平方メートルの発掘調査が行われ、中国産陶磁器・国内産陶器・砥石・石臼・硯・漆器椀が出土した。

古瀬戸広口壺（『ふくしまの遺跡』）

中国産陶磁器は、十三世紀から十四世紀の青白磁長瓶であった。

また国内産陶器は古瀬戸広口壺で、これらの瓶や壺は、城主の床間を飾っていたものと推測されている。

安子島は、五百川沿いに会津と二本松を結ぶ二本松街道が通り、また長沼・白河方面への道が分岐する交通の要衝であったため、安子島城は戦国時代会津葦名氏と安積伊東氏や三春田村氏の抗争の地でもあった。

文明二年（一四七〇）に会津葦名盛高と安子島城主伊東氏祐の抗争があり、また文亀元年（一五〇一）には葦名盛高と二階堂氏の連合軍が安子島城を襲い同城を陥落させた。天文元年（一五三二）頃には、伊達・田村氏の連合軍が安積伊東氏を援助し、安子島城を奪回したが、その後安子島城主となった伊東氏は葦名氏に服属してしまった。

天正十七年（一五八九）伊達政宗は黒川（後の若松）を攻める途中、安子島城主安子島治部大輔祐高《すけたか》を攻撃して城を奪取した。しかし翌年豊臣秀吉の「奥羽仕置」により蒲生氏郷領となり、安子島城には二本松城の警護を兼ね、蒲生源左衛門が城代となり駐在した。天正十九年には、氏郷が支城を二本松城に移したため、安子島城は廃城となってしまった。

このほか、熱海町には城跡遺跡として、舘ノ越遺跡がある。

舘ノ越館は、阿武隈川の支流藤田川の南側の丘陵北半に築かれた連郭式の平山城で、下伊豆島舘ノ越にあり、北端から一の郭・二の郭・三の郭と連なり、三の郭の西側に四の郭があった。一の郭から主殿とみられる庇付き掘立柱建物跡をはじめ、建物跡八棟が検出された。その他二の郭から三棟、三の郭から二棟の建物跡と柱列があった。

土塁は、各郭の周囲に〇・五から一・五メートルほどの高さで遺存し、その外側に幅三メートル、深さ一・五メートルの堀が巡り、各郭は土橋で結ばれていた。三の郭西側に虎口とみられる土塁の切れた部分があり、その西側斜面下に竪堀が見られた。出土遺物に、石臼・中国産白磁小皿・国産陶器・刀子・砥石などがある。白磁皿は中国景徳鎮窯

安子島城跡

の製品で、十五世紀頃に輸入されたものとみられる。舘ノ越館は『積達古館弁』に「下伊豆島村館二カ所、城主不明」とあるのみで築城主も在城主も不明である。

高玉城跡

高玉城は、熱海町高玉の石筵川沿いの丘陵を利用して築城された。城の西側は奥羽山脈から延びる尾根の先端に続くが、その他は急斜面となっている。特に東から北側斜面は三段の土壇が設けられ、急な崖面を呈している。西方の尾根に連なる部分には空堀が設けられている。頂部の本郭には高さ一メートルの土塁が周囲に巡らされ、それより一段低く、今は愛宕神社（万治元年＝一六五八勧請）が祀られている平場が二の郭である。その南側の小尾根上に大きな平場があり、ここに高玉城の大手口があったと推測されている。

城の東麓にある館地内は、城主を含む家中の者の屋敷跡であったといわれる。またかつて城の守護神として建てられた高司神社が、その北東に鎮座する。

この地は、東は横川・安子島を経て本宮・郡山に至り、西は石筵を経て峠道を通って会津に至る交通の要衝の地である。高玉城は、二本松畠山氏時代は会津への出口として、葦名氏旗下となっては葦名氏の安達・安積進出の前衛基地の役割を担っていた。

高玉は横川・石筵を含むこの地の中心地で、畠山持泰の弟家重がこの地を領して高玉氏を名乗り、以後政実―政直―村継―家継―常頼と続き、本家畠山義継が没落した後は会津葦名氏の旗下となった。そして天文年間（一五三二〜一五五五）頃に、高玉太郎左衛門常頼が高玉城を築城したといわれる。

天文十七年五月、伊達政宗は会津葦名氏を攻める途

高玉城略測図（『福島県の中世城館跡』）

高玉城跡

中、安子島城に続き、高玉城を攻撃したが、この時高玉常頼夫妻、娘婿荒井新兵衛夫妻をはじめ、城中の男女六十余名が壮烈な討死を遂げ落城した。
以後高玉城は廃城になった。

安積疏水を利用した沼上発電所と明治の三元勲を合祀する安積疏水神社

国道四九号線を磐梯熱海温泉から中山峠を上る途中の右側、JR磐越西線を越した所に沼上発電所がある。現在の東京電力沼上発電所である。

この発電所は、明治十五年（一八八二）安積疏水が完成した時、城向《じょうこう》の取水口から流下する毎秒二〇〇立方尺（約六トン）の水を使って発電したもので、その発電量は出力毎時一〇〇〇キロワットであった。

送電方法は、空中架線方式を採り、木柱或いは木塔を立てその間をアメリカ製の銅線を張り渡して送電するものであった。

発電所は、郡山で紡績業を営む会社が郡山電気株式会社を設立し、郡山町内の紡績工場や一般家庭に送電することを目的として建設したもので、設計は、当時東京大学電気科の学生であった野口遵《じゅん》（鴨緑江発電所建設や窯素肥料会社を経営）が当った。発電所は明治三十二年（一八九九）に完成し、横川村細沼変電所で変圧され、約二四キロメートル離れた郡山町内に送電された。これは日本最初の長距離高圧送電であった。

沼上発電所

発電所から流出した水は、五百川に入り、下流の温泉街の外れで分水され、俗にめがね橋と呼ばれた疏水架橋を通ってトンネルに入り、基幹水路により安積平野を潤した。その後めがね橋は壊され、現在は五百川を堰止め流路を変更する頭首工が設けられている。

安積疏水神社は、この頭首工の側にある。

安積疏水神社は、大正十五年（一九二六）九月二十六日に設立されたが、神社境内の記念碑には、神社設立の趣旨を次のように書いている。

安積疏水は明治天皇の聖慮に基き、士族授産、東北開発、殖産興業の目的をもって開鑿《かいさく》せられたるものであった。

安積疏水神社

明治十二年（一八七九）工事を起し、同十五年竣《おわ》る。五百川架橋は工事中の難所たり、且つ安積疏水の咽喉《いんこう》にして、工師ファン・ドールンの心血を濺《そそ》ぎし所、幾多の人命と巨額の財を費《つい》やし、その時における最新技術により施行せられ、我が邦におけるセメント工事の嚆矢《こうし》と称せられる。安積疏水神社は、工事成功祈願のため豊受大《とようけおお》神《かみ》を奉祀し、安積疏水の守護神として今日に至る。

当時の工事情況を記録したものはないが、セメントを使うトンネル工事は日本最初のものといわれ、その工事は難工事中の最難工事であったという。そしてその成功は日本の土木工事において画期的な出来事となった。

現在の社殿は昭和十年四月に改築したもので、その時安積疏水の功労者であった明治の元勲大久保利通、伊藤博文、松方正義の三人を合祀した。

高玉金山跡

高玉金山は、ＪＲ磐越西線磐梯熱海駅から北に八キロメートル、石筵川を越えた標高五一五メートルの鶯《うぐいす》山の中腹にあった。

高玉金山は、天正年間（一五七三〜一五九二）会津葦名氏の四大金山の一つとして開鉱したといわれる。蒲生氏の時代にも引き続き稼働し、二本松藩丹羽氏の時代には、寛永二十年（一六四三）から貞享年間（一六八四〜一六八八）まで金山奉行を置いて直接経営をしていたが、その後請負制（山師が採掘・製錬を行い、できた金銀の何割かを藩に納める）に改めたという。

天保十四年（一八四三）の「二本松領内金銀之覚」によれば、高玉に鶯山・ほつは山・三五郎山・笹平山・行入沢・大平山の金山があったと伝える。しかし江戸中期以降は、採掘技術が未熟のため、深部採掘が困難となり、その後どう稼働したかの実態は不明である。

明治に入り、高玉村の住民が廃鉱を発見し、半田銀山の松浦征二氏が精査したところ、第三紀層に石英粗面岩が併入してできた良質な金銀脈があることが判り採掘に取りかかったが、四年後に実業家の肥田昭作氏に鉱業権を売却した。肥田氏が引き継いだ後の明治二十六年（一八九三）に、一時盛況を見たが、その後衰退し、明治四十一年（一九〇八）に日立鉱業に売却された。

青化精練所（『ひもといてみよう熱海の歴史』）

その後大正七年（一九一八）に日本鉱業に売却され、大正末期に青木葉坑に直り（よい鉱脈）を発見し優良鉱山の名声を得た。昭和四年に、青木葉坑にスイス製の二六〇馬力のロータリーコンプレッサーを導入し、採掘の効率化を図った。

昭和十年には青化精練法（鉱石を薄い青酸カリ溶液につけて溶かし、亜鉛の細片の中を通すと、溶けた金銀が亜鉛に付着して金銀を回収することができる）を取り入れ、昭和十年から十八年にかけ最盛期を迎えた。高玉金山の鉱石は、金は鉱石一トン当り一〇グラム、銀は一トン当り一〇〇グラムを含有するなど、品質は極めてよく産金量もついに年一トンを超え、大分県中津江町の鯛《たい》生《お》金山、北海道紋別市の鴻《こう》之《の》舞《まい》金山と並び、日本三大金山の一つに数えられた。

この頃従業員数は、全国から二〇〇〇人から三〇〇〇人の人が集まり、家族を含めれば六〇〇〇人もの人口となった。金山付近には社員住宅街も出現し、五〇〇〇人収容の集会所やスキー場のほか野球・テニス場などの大グラウンドも造られた。

しかし、太平洋戦争が始まると、「企業整理法」により、日本鉱業は休止となり、採掘がで

高玉金山全景（昭和30年頃・『ひもといてみよう熱海の歴史』）

現在の高玉金山跡（青木葉坑付近）

きなくなった。

　戦後、新日本鉱業に引き継がれ、採掘が再開されたが、昭和四十年代になると埋蔵量も残り少なくなり、昭和五十一年には、鉱石の採掘量も年間二七〇トンに低下し、ついに操業を停止した。

　戦後の高玉金山の様子を、ここで働いた郡山市に住む野崎《のざき》嘉一《よしかず》さん（取材当時八二歳）に次のとおり教えて頂いた。

　高玉金山は、鷲山の北側と南側に坑口があり、高玉本坑、青木葉坑と呼び、両方の坑口から採掘していた。高玉本坑と青木葉坑との間は六〇〇メートルほどあり、両坑道は繋がっており、上・下二本のトロッコ軌道を設け、鉱脈に従い、横或いは斜方向に掘り進めた。採掘した鉱石はトロッコに乗せて坑口まで運び、坑口から搬出された鉱石は、索道で、高玉本坑は熱海駅に、青木葉坑は安子ケ島駅に運び、貨車に積んで鉱石の売却先の日立鉱山まで運ばれた。

採掘はその層の鉱脈を掘り終ると、下の鉱脈に取りかかり、硬《ずり》は旧坑道に充填して捨てた。こうした方法で掘り進め、最後は地下二〇〇メートルもの竪坑になり、そこから延びた横坑も一〇段に達した。

高玉金山は岩盤が固く、落盤の危険も少なく、出水もなかったので、働きやすい鉱山であった。

昭和四十年代からは外国から安い金鉱石が輸入され、また高玉金山も鉱脈が不規則で、品質が低下したので採算が合わなくなり、昭和五十一年には休鉱となった。

磐梯熱海温泉

磐梯熱海温泉は、ＪＲ磐越西線郡山駅から車で三〇分位の位置にあり、「郡山の奥座敷」といわれ、五百川の清流が流れる豊かな景観に恵まれた温泉地である。

温泉は、江戸時代から付近の住民に利用されてきたが、江戸時代の温泉を伝える文献は少なく、わずかに『高玉区有文書』に「毎年春になると、温湯献上として霞ヶ城に運ぶ村役が課せられていた」と書いてある。

また熱海温泉の街中にある湯泉神社境内に、文政二年（一八一九）に建てられた「温泉碑」があり、碑文に次のとおり書いてある。


陸奥国熱海は、二本松領内安達郡高玉村にあり、二本松城を去ること六、七里にあり、本宮組代官が管轄する。この高玉村に温泉あり。人は熱海温泉という。

温泉は冷泉であるが、その効力は狂大《きょうだい》、蝮《まむし》に噛まれた毒を排出し、或いは竹木の刺《とげ》が身体に没入し取り出せなくなったものを排出させるなどの奇効があることで付近の人々に知られていた。

湯泉神社　右手に温泉碑がある

温泉は始め田圃の中に湧き出ており、これを知る人もなかったが、土地の人や往来の人がこの湧水でうがいをしたり、皮膚を洗ったりすると、皮膚のただれがなおり、眼の悪い人がこの水で洗眼すると治癒したり、怪我などもこの水を沸《わか》して用いると痛みがとれたという。このことを名主に話し験《ため》したところ効果があったので、石をもって温泉の所を囲み、入浴出来るようにした。他郷にも知れわたり、創傷や蛇毒に悩む人が来て、この温泉に浸りその効果に驚いた。しかしこの温泉は冷泉なので寒くて長く入浴することが出来ず、なんとかして欲しいとの要望が多くなった。

そこで寛保三年（一七四三）本宮組代官吉田弥右衛門が湧泉の側に浴舎と浴槽を造り、湧泉を温めて浴客の便宜を図ることにした。

この浴舎が出来ると、遠近より多くの人が集まり、年を追って多くなったので、旅舎も十余戸に増えていった。土地の人は、養蚕や耕作もしないで生活出来るのは温泉のお陰と喜び、これを吉田代官の功績であるとして、本宮城代成田植直に願い出て石に刻み、永く伝えるこ

湯泉神社境内の温泉碑

とにしたのがこの碑である。

こうして明治三十年代頃は温泉旅館は八軒しかなかったが、昭和三十二年に五百川沿岸の高玉地区にボーリングが成功して、五〇度以上の高温度温泉が発見され、国道四九号線沿い（熱海駅前地区）と五百川沿岸（高玉地区）の温泉旅館に配湯されると、温泉街は西方に拡大していき、近代的旅館が整備され、新しい温泉街が形成されていった。

源泉神社前から見た磐梯熱海温泉街

泉質は、アルカリ性単純泉で、肌触りのよい湯は「美肌の湯」として親しまれ、火傷や外傷、皮膚病などによいとして知られている。

現在ホテル、旅館は二三軒となっている。

毎年八月には「萩姫まつり」が開かれ、ミス萩姫による献湯をはじめ、各種の催しが行われる。この萩姫には熱海の名の由来とともに次のような伝承がある。

南北朝時代伊豆地方を領していた公卿・万里小路重房に萩姫という美しい娘があり、娘は不治の病にかかり苦しんでいた。その枕元に不動明王が現れ「都から東北方、数えて五百本目の川岸に霊泉があり、それに浸かれば全快する」と告げて去っていった。

萩姫はその言葉に従って、侍女の雪枝を伴い都を旅立ち、幾多の困難の末、ついに都から五百本目の川に辿り着き、その側に湧く温泉に浸かったところ、たちまちのうちに病が回復した。萩姫はこの湯に深く感謝して、その川を「五百川」、その温泉を故郷の伊豆地方の地名をとって、「熱海」と名付けたという。

磐梯熱海温泉には、温泉碑に書かれている江戸時代中期と萩姫の南北朝時代の二つの開湯伝承がある。萩姫の伝承については浮説として斥ける人もいるが、湯泉神社のある駅前地区から、五百川側の源泉神社のある高玉地区までは一キロメートル余も離れており、単純にこの地区に二つの開湯伝承があると理解したい。

郡山市逢瀬町・片平町地区

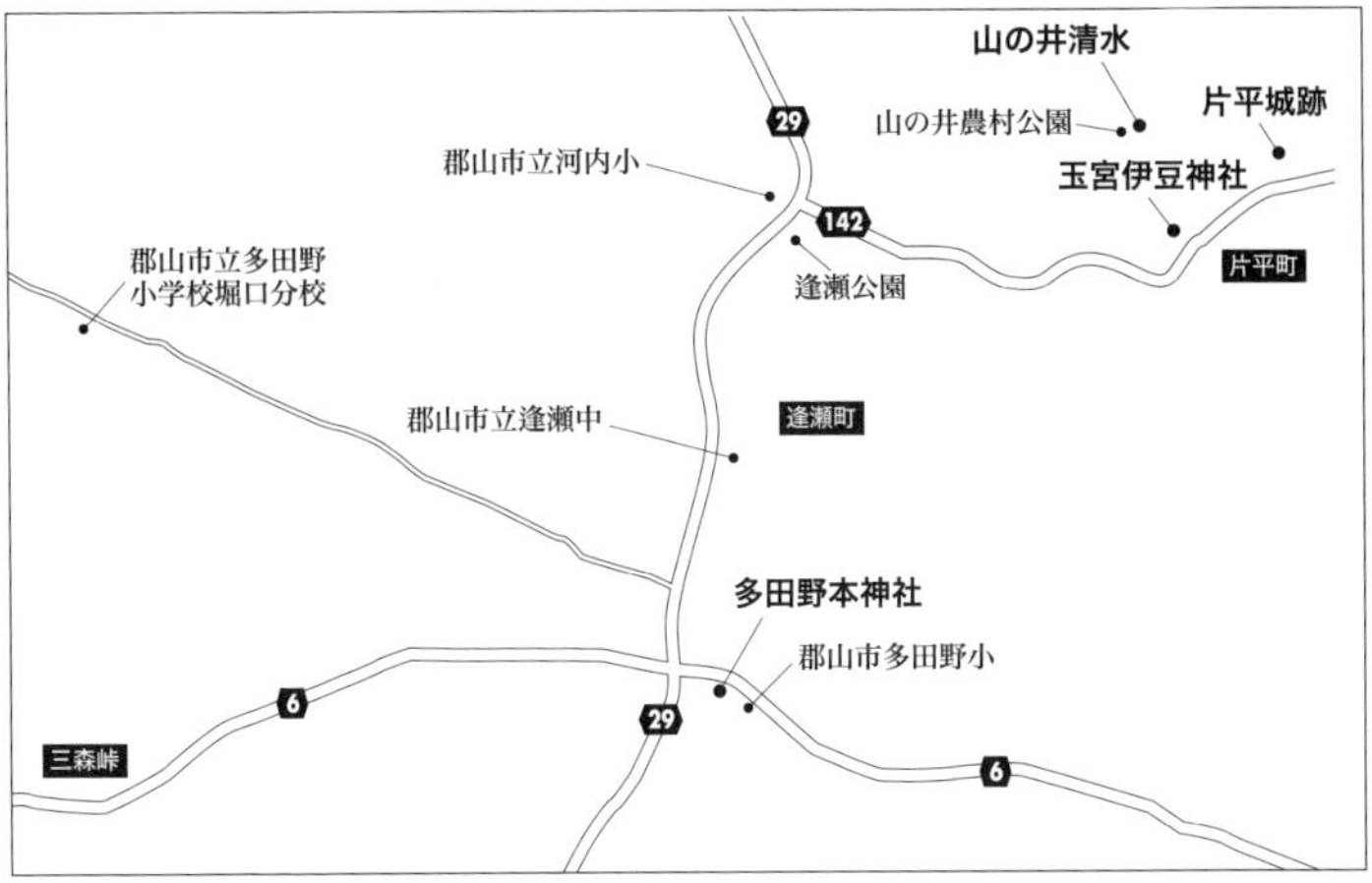

お祭り広場を持つ上納豆内《かみなっとううち》遺跡と アスファルトが見つかった四十内《しじゅううち》遺跡

上納豆内遺跡は、奥羽山脈に近い、逢瀬町河内字平内の南側にある縄文時代中期（約五〇〇〇年～四〇〇〇年前）の遺跡で、西側には逢瀬川の支流別所川が流れている。

遺跡は、昭和五十六年に農地の圃場整備事業と関連して発掘調査が行われ、中央付近から、直径五〇メートルから六〇メートルの広さの広場が見つかった。そしてそれを取り囲むように、直径一二〇メートルの範囲内から、竪穴住居跡一一一棟が検出された。この広場の目的は不明だ

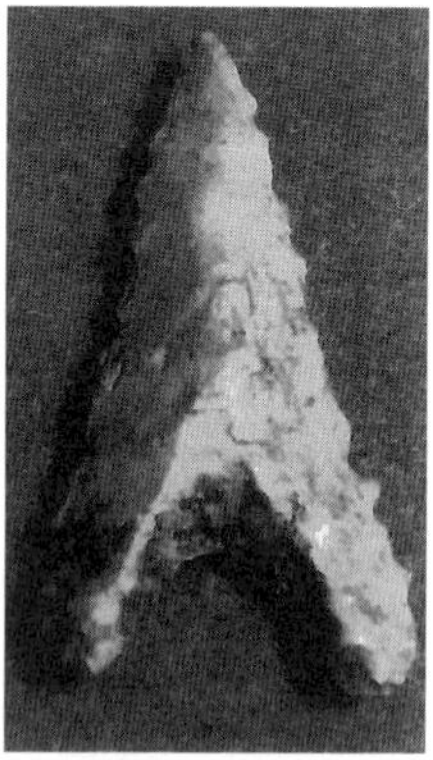

根元にアスファルトの付いた石鏃（四十内遺跡・『郡山の歴史』H26, P8）

耳飾りに入れたアスファルト（四十内遺跡・『郡山の歴史』H26, P8）

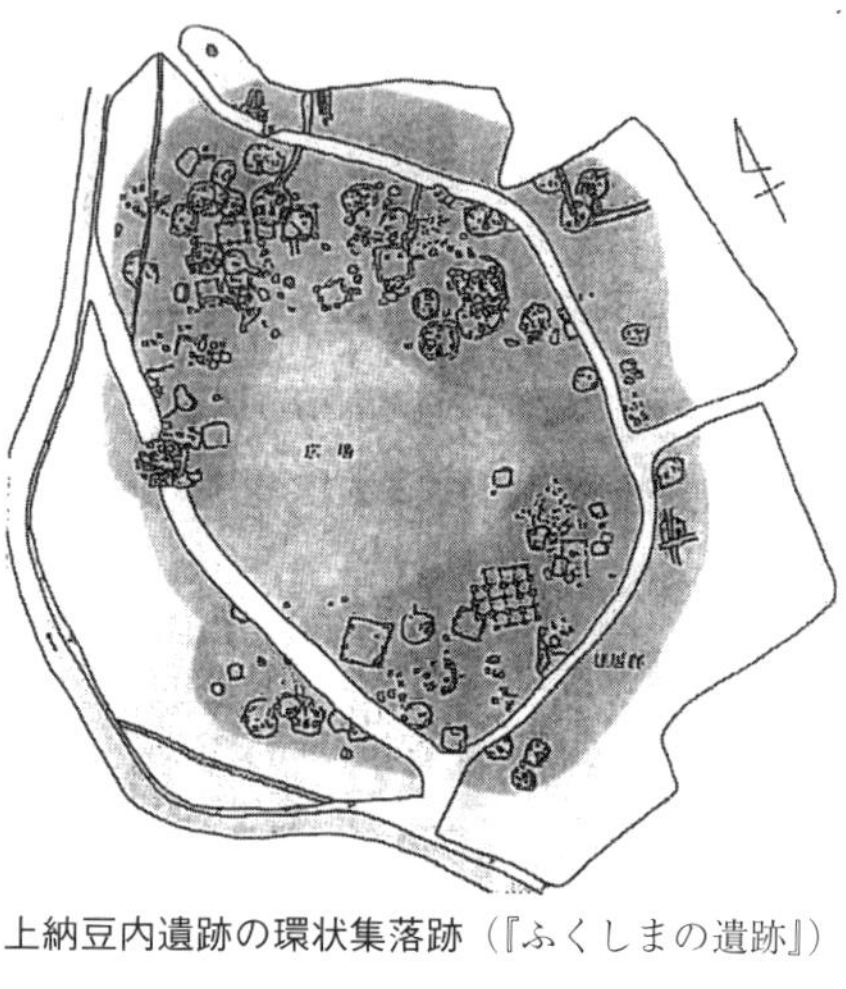

上納豆内遺跡の環状集落跡（『ふくしまの遺跡』）

が、祭祀を行う場所としたか、共同作業場などに使われたと思われる。

また別所川沿いのこの遺跡の対岸にある仁井町遺跡から、複式炉を持つ竪穴住居跡一一棟と木の実などを保管したとみられる竪穴群（地下式の倉庫として使用されたと思われる）が見つかっている。

四十内遺跡は逢瀬町四十内集落の近くにある遺跡で、この遺跡からアスファルトがいっぱい詰まった状態の土製の耳飾りと根元にアスファルトが付着した石鏃が出土した。このアスファルトは鏃と柄を付着するのに用いたと思われる。

アスファルトは、現在でも新潟県胎内《たいない》市で地上ににじみ出ている所があるように、新潟県や秋田県などの日本海沿岸地域で取れ、はるばるこの地に運ばれてきたものと思われる。

三森峠遺跡

三森峠遺跡（逢瀬町休石）は三森峠にあり、昭和三十七年県道六号郡山三代《みよ》・若松線のトンネル工事の時に発見された。

遺跡は、標高八〇〇メートルの鳩清水の近くにあり、狭小な緩斜面から、一辺が五・四メートルの隅丸方形の住居跡と縄文前期の土器をはじめ、縄文後期・晩期の土器、弥生土器、土師器など各時期の土器類とスクレーパー（掻器）状の石器・石篦・石鏃が発見された。

三森峠は、中通り地方と会津地方をつなぐ峠道にあり、住居跡が一棟であること、遺物が各時代にわたりながら少量であることから、狩猟時の宿泊所として使われたものか、或いは交通上何らかの役割を持つ建物であったのかなどいろいろ疑問が残っている。

安積采女と山の井清水及び葛城王と王宮《おうのみや》伊豆《いず》神社

片平の集落から市道を北西に向かいしばらく行き、字寺下の広修寺・岩蔵寺（片平城主の祈願寺）・常居寺（伊東祐光が創建）のいわゆる片平三箇寺が並ぶ前の道に入ると、昭和二十八年に整備された山の井農村公園に着く。

その入口を入ってすぐ左手に山の井清水がある。

山の井清水は、奈良時代に葛城王から采女として召し出された春姫が、故郷に戻り身を投じた池として古くから知られている。

深鉢（三森遺跡・『郡山市史１』）

『万葉集』巻十六に「由緒ある雑歌《ぞうか》」として、

安積山影さえ見ゆる山の井の浅き心をわが思わなくに

があり、その歌の左注に「陸奥国に遣わされた葛城王が、国司の歓迎ぶりに満足せず、不機嫌であったとき、以前采女であった女が接待の席で『安積山影さへ見ゆる……』と詠んだので王の心が解けた」と書いている。その後この話は『大和物語』百五十五段の中にも出てくる。

山の井清水

山の井農村公園の池側に、片平歴史の会がこれら伝承をもとにして書いた「安積采女の由来」の説明板が立っている。

およそ一三〇〇年前陸奥国安積の里は、数年に及ぶ干《ひ》天《でり》による凶作が続き、年貢を滞納していた。奈良の都から按察使《あぜちし》として葛城王（後の左大臣橘諸兄《もろえ》）がこの地に派遣されて来た。村里を視察中、里人達は窮状を訴え、王を歓待する宴を盛大に催し、懇切にもてなした。しかし王の機嫌は悪くなるばかりであったので、国司は一計を案じ、眉目麗しい春姫を宴席に召し出した。春姫は里人の窮状を救おうと満座の中から王の前に進み出て盃に清水を注ぎ、

安積山影さえ見ゆる山の井の浅き心を我が見えなくに

と詠み王に捧げた。

和歌にすぐれた王は、「都の花を鄙《ひな》に見るかな」とことのほか喜ばれ、怒りも解け、春姫を帝の采女として召し出すことを条件に、さらに三年間年貢を免除することを約束した。里人は王に感謝し、笹原川まで見送った。

春姫には次郎という夫がいたが、やむなく別れ都に上った。

帝の寵愛《ちょうあい》を受けていた春姫だが、次郎や里人への思いは募《つの》るばかりであった。猿沢の池で月見の宴が開かれた中秋の名月の夜、春姫は宴席を離れ、柳の木に衣を掛け池に身を投じたように見せかけ、一路安積の里に帰りを急ぐのであった。身も心も疲れ果ててようやく郷里にたどり着いた春姫は次郎の死を知り、悲嘆にくれ、山の井清水の端の桜の木に衣を掛けて、池に身を沈めこの世を去ってしまった。

里人達はこれを悲しみ、地形山に葬り丁寧に供養した。やがて春が訪れ、一面に薄紫の花

かつみが咲き乱れた。二人の永遠の愛が、山の井清水で結ばれ、この花になったと云い伝えられている。

山の井農村公園内の采女神社

山の井農村公園には、昭和三十二年に片平町民が、地元に残るこの伝説をもとに建立した采女神社がある。また公園内には「春姫の塚」もある。

山の井農村公園から八〇〇メートルほど離れた南の丘の頂には、葛城王を祀った王宮伊豆神社がある。

参道の入口に「総鎮守王宮伊豆神社由緒」として次のように書いてある。

祭神　奥州草別《くさわけ》大神　葛城親王尊　安積采女尊　伊豆大神　箱根大神　三嶋大神

社伝によれば今を去る千二百有余年前、奥州草別大社として創建され、官民の尊崇を受けた。

この頃安積の片平は塩の郷と称し、民家八〇〇戸を数えた。葛城王が按察使として下向の折、郡司の娘春姫があの有名な安積山の歌を捧げ、王の怒りを解いたため、三年間の貢租を免ぜられるなど、王への崇拝ことのほか篤《あつ》く、後に王の遺徳を称えて草別大社に祀った。

鎌倉時代源頼朝公への従軍戦功により、伊東氏が安積地頭守護職を拝命し当地に下ると、氏の守護神である伊豆・箱根・三嶋の大神を併せて祀った。

江戸時代神祇伯より正一位の神階を賜わる。二本松丹羽公より神宝を奉納せらる。

片平郷一一か村の総鎮守として崇敬され、明治十一年(一八七八)村社に列せられる。今も産土大神として尊崇されている。

王宮伊豆神社社殿

社殿の左手に「葛城王祠碑」がある。碑文には「葛城王は天武十五年(六八四)敏達天皇の第四世美努王《みぬおう》の子として生れ、神亀六年（七二九）橘宿禰《すくね》の姓を賜う。同十五年従一位左大臣となる。宝亀元年（七七〇）七四歳で薨去《こうきょ》した」と葛城王の事蹟を書いている。この台座は「亀趺《きふ》」と呼ばれ、中国の想像上の霊亀を貴人の像の台座に用いるもので、江戸時代の大名家の墓に用いられた。この詞碑の台座の亀趺は、福島県に現存する最古のものである。

神社の裏道の登り口の崖下に「春姫姿見の池」が今も水を湛えている。

神社の東側の三島山に、三基以上の経塚があり、昭和十五年に発掘調査が行われた。径二メートル前後の小円墳に石郭が施され、その中から流水松竹文鏡を伴って、古常滑の「三筋壺」の中に経文残欠と宋銭が入っていた。三筋壺は口縁部を欠き、灰白色で緑を僅かに含んだ粒子状の灰釉がにじみ出ており、体部に三筋の刻線を施している。三筋壺は

葛城王祠碑の亀趺

経壺（片平町·『郡山市史１』）

愛知県知多半島の古常滑焼の特産品といわれ、この壺は鎌倉時代初期を下らないものとみられている。

鎌倉権五郎伝説と御霊明神《ごりょうみょうじん》（多田野本《ただのもと》神社）

逢瀬町多田野の宮森（現多田野字宮南）に、多田野本神社がある。

神社は、初め火之夜芸速男神《ひのやぎはやをのかみ》を「火の神様」として祀っていたが、この地を治めていた鎌倉権五郎景政が没した後、その父村岡五郎平忠道の霊と合祀し、「御霊の宮」と名付け創建したものである。

鎌倉権五郎を祀る多田野本神社

鎌倉氏は、桓武天皇の皇孫高望王の子村岡五郎平良文が始祖で、相模国鎌倉を領有して鎌倉氏を名乗った。景政は良文の孫で、源義家に従って戦い、後三年の役（一〇八三〜一〇八七）で戦功を挙げ、奥州で五郡、常州で二郡の恩賞にあずかり、多田野の本宮館に城地を構えていたといわれる。景政はこの時多田野を開発し浄土ヶ岡（現在の浄土松公園、陸の松島といわれる景勝地）のきのこ岩に住んでいた盗賊を退治するという武勇伝や、大蛇を退治して村民の禍を除いた伝説が残されている。

鎌倉氏は、その後地名に因んで多田野氏と改称、多田野（只野ともいう）十郎は本宮館と呼ばれた山館から、多田野本郷に多田野本郷館を築き移った。景政十代の孫多田野大炊頭景連・多田野庄水忠保は、景連が四本松で伊達政宗と戦い討死、忠保は政宗の大軍を防ぎきれずに天正十八年（一五九〇）に敗死した。

多田野本神社境内風景

多田野十郎が本宮館からこの地に移る時、御霊大明神も本郷館の巽《たつみ》（南東）の現在地に移り、以来「ごろうのみや様」と呼ばれ、これまで身体堅固の神として崇まれてきた。

御霊神社は各地にあり、大鐘義明の書いた『相生集』では、「安積郡に四社、安達郡に三社、白河に一社、田村郡に一三社あり、御霊・五霊・五郎宮とあり、景政を祀る」と記している。

今も仙台に片平の名を残す片平城跡

片平城跡は、片平集落の西はずれの字上館にある山城である。字下館にある片平下館と区別して片平上館とも呼ぶ。

源頼朝の奥州合戦に功績のあった工藤左衛門祐経《すけつね》は、文治五年（一一八九）に頼朝から安積一円と安達の一部を賜った。祐経は伊豆国を領有していたが、二男の六郎左衛門尉祐長《すけなが》を下向させ、安積の片平城に居城させた。そして祐長は安積祐長と改め、安積伊東氏の祖となった。

※安積郡を領有した祐長の居住地については、片平説（『相生集』）と郡山説（『貞一文書』今泉家所蔵）がある。祐長の子孫は、安積地方の各地に分散し自立し、それぞれに館を構えてその地を支配した。

祐長から安積伊東氏が代々片平城主を継承し、鎌倉幕府に仕えたが、伊東大和守の代に、実子がなかったため塩松城主大内備前守の弟を養子とし片平助左衛門と名のった。天正十七年（一五八九）伊達政宗に攻められ降伏したが、同十八年安積郡が蒲生氏郷の領地になると、片平氏は政宗に従い仙台に移った。今も仙台には「片平町」の名が残っている。

　蒲生領になると、片平城は「一国一城令」により廃城になったと思われる。

　伊東氏が初めに城を築いたのは、片平町大館の片平下館といわれる。片平下館は現在の片平集落内にあり、宅地化が進んで明確でないが、一辺が六〇メートル前後の方形の館で周囲に堀を巡らせていたという。応仁の乱（一四六七〜一四七七）ののち南奥も争乱の地となったため、防御しやすい要害の地形に館を移転した。それが片平集落の西側にある片平城（上館）で、誰が築城したかは不明である。

片平城跡（東館跡）

　現在の片平城跡は、比高七から八メートルの独立丘陵上にあり、東館、西館の二つの曲輪が残されている。両曲輪とも丘陵上部を削平したもので、その広さは、東館六〇〇坪（二〇〇〇平方メートル）、西館五〇〇坪（一六五〇平方メートル）ほどで、城主の居館もこの曲輪内に置かれていたものと思われる。両曲輪は浅い堀切により区画され、土橋でつながれ相互に行き来できるようになっている。

西館には、新町鎮守鳴神神社が祀られており、こちらが主郭と思われる。

東館の片平集落側に、「奥州安積片平城登城坂」の標識が立っているが、坂道の狭さからみて、搦目手口と思われる。

城の北側は、土取りにより変形しているが、全体は今もよく整備され、戦国時代の山城の面影を色濃く残した貴重な城跡である。

郡山市三穂田町地区

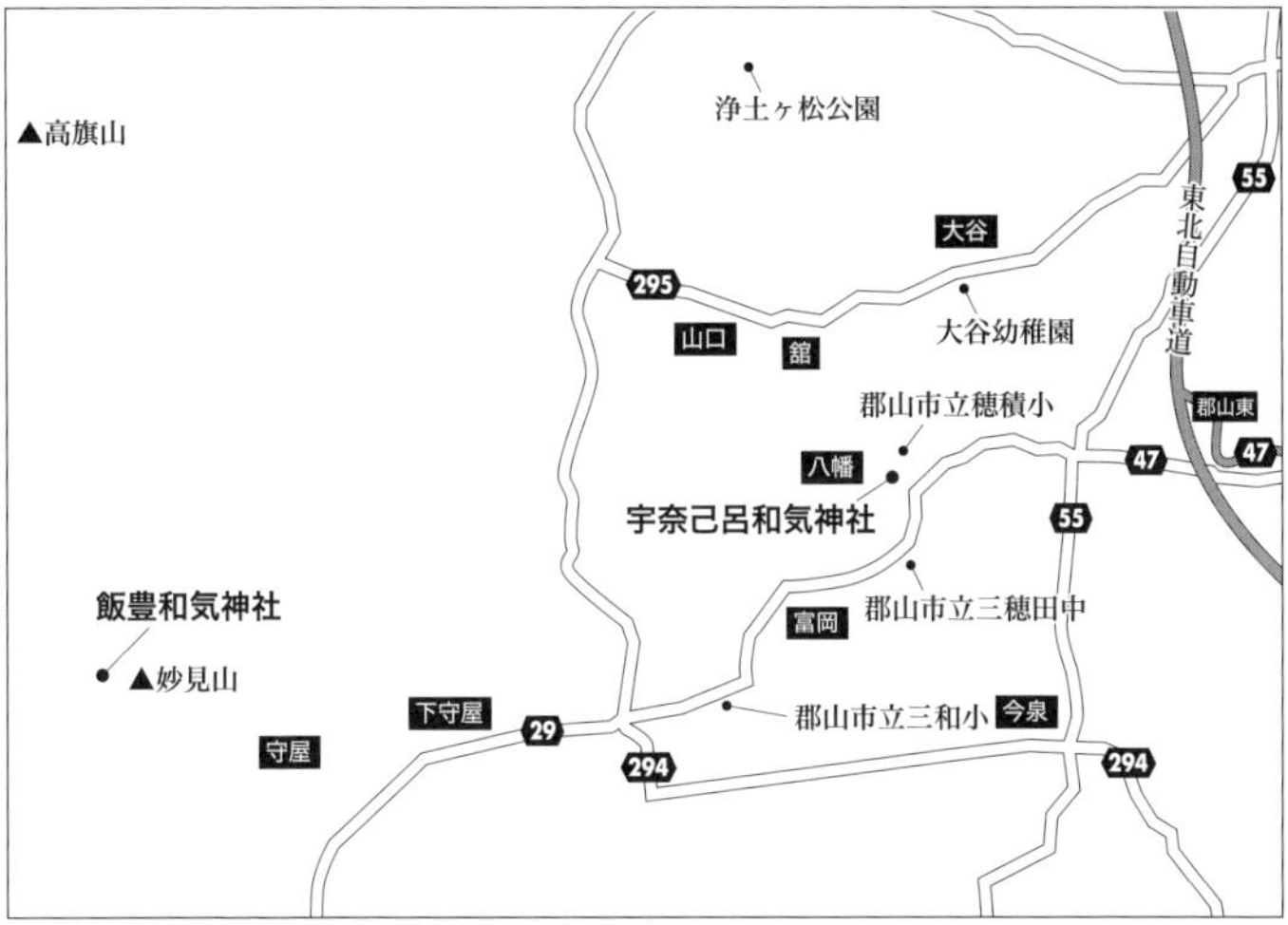

高旗山
浄土ヶ松公園
55
東北自動車道
大谷
295
大谷幼稚園
山口
舘
郡山市立穂積小
郡山東
47
八幡
47
宇奈己呂和気神社
55
飯豊和気神社
富岡
郡山市立三穂田中
妙見山
下守屋
郡山市立三和小
今泉
29
守屋
294
294

多種の縄文土器を出土した一人子《ひとりご》遺跡

一人子遺跡は、三穂田町字駒屋にある大槻扇状地の東面の緩斜面に形成された遺跡で、遺跡の北側を笹原川が蛇行しながら東流している。

遺跡の範囲は、約一〇〇〇平方メートルと推定されている。

昭和三十年代後半頃から、個人により、縄文時代晩期の土器が採集されており、昭和四十一年に郡山市教育委員会が、開田工事に関連して小規模な試掘を行ったが、住居などの遺構は発見されなかった。

これまで採取された土器は、長胴壺・短頸壺・小形壺・鉢・浅鉢・深鉢・注口土器・高坏などで、器形は一〇数種類に及んだ。

文様は、壺形土器では頸部を中心に沈線で入組三叉文、刺突文、工字文が施され、胴部には、撚糸文と磨消縄文が併用されていた。

鉢形土器では、彫刻的手法により浮線で網状文を施していた。

注目すべきことは、変形工字文を持つ甕とセットになって蓋が出土したことである。これまで蓋の発生は、弥生土器からと予想されていたが、磨消縄文のある変形工字文を持つ蓋が出土したことでそれが証明された。

一人子遺跡の遺物は、土偶・耳飾・臼玉・土錘・円板などの土製品、石鏃・石錐・縦形石匙・磨製石斧・打製石斧・凹石・石刀などの石製品、玉類などであった。石鏃はすべて有茎石鏃であり、完形品は二〇五点を数えている。

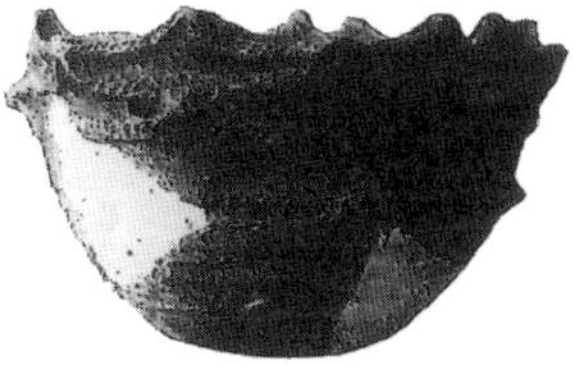

鉢（三穂田町一人子　高さ10.0センチ・『郡山市史８』）

壺（三穂田町一人子　高さ15.0センチ・『郡山市史８』）

浅鉢（三穂田町一人子　高さ7.5センチ・『郡山市史８』）

壺（三穂田町一人子　高さ23.0センチ・『郡山市史８』）

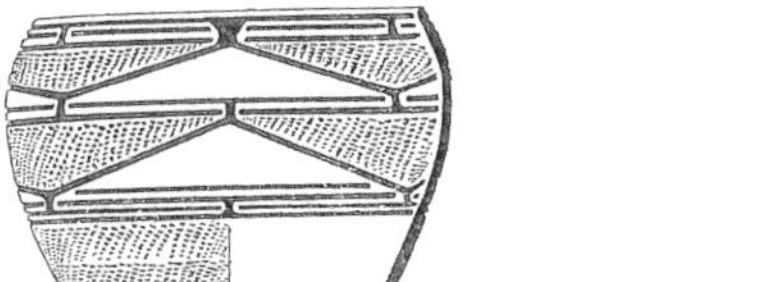

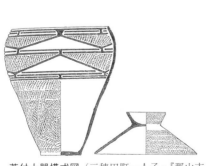

蓋付土器模式図（三穂田町一人子・『郡山市史１』）

「八幡《やはた》の八幡《はちまん》様」と呼ばれた宇奈己呂和気《うなころわけ》神社

宇奈己呂和気神社は、多田野川南岸の三穂田町八幡にある。隣接して、別当寺を務めた行基の開基といわれる真言宗護国寺がある。

宇奈己呂和気神社の祭神は、瀬織津姫命《せおりつひめのみこと》と品陀和気命《ほんだわけのみこと》（八幡大神）である。

神社創建に関わる地元の伝承（郡山教育委員会編『郡山の伝説』）によると「宝亀年間（七七〇〜七八〇）の頃、この地に勢力旺盛な蝦夷がいて村人を苦しめていた。これを聞いた朝廷は、按察使藤原小黒丸を派遣し蝦夷征伐を命じた。小黒丸は蝦夷と戦ったがどうしても勝てないので、一旦後退して高旗山に祀られている宇奈己呂和気神社に戦勝を祈願した。小黒丸は高旗山を下山し、再び蝦夷と戦うと今度は苦もなく打ち破ることができた。

戦勝を朝廷に報告すると、霊験あらたかな神であるとして、勅命により、高旗山から流れる川の合流点にある山崎に奉遷することを命ぜられ、延暦三年（七八四）現在地（山崎村）に遷座した」といわれる。

承和十四年（八四七）行明天皇の代に神位を授けられ、延喜年間（七八二〜八〇六）醍醐天皇の代に延喜式内社（名神大社）に列せられ、従五位下を授けられた。その後貞観十一年（八六九）正五位下を授けられたが、それらの勅書と桓武天皇から下された勅額は、文永元年（一二六四）の火災により焼失してしまったという。

平安末期頃から八幡信仰が広がるなかで、鎌倉時代源頼朝から安積郡を与えられた工藤祐経の後裔安積伊東氏は、武神の八幡大神を主神として祀り、安積郡の総鎮守とした。

宇奈己呂和気神社社殿

その後会津藩領、二本松藩領時代を通じて神領の寄進を受けたほか、藩祈願所として歴代藩主の尊崇を受けた。現在の社殿は、寛永四年（一六二七）二本松城主丹羽左京太夫が造営したものといわれる。
社家大原氏は元和五年（一六一九）安積郡の注連頭に任じられ、元文四年（一七三九）には、安達・安積両郡の惣社神主を務めた。
境内には寛政十年（一七九八）の紀念銘のある石燈籠がある。例祭の四月三日には神楽が奉納される。
宇奈己呂和気神社・飯豊《いいとよ》和《わ》気《け》神社《じんじゃ》の延喜式内社二社を有

する三穂田町には、中世の石造供養塔が多数分布する。欠下の板碑（浮彫阿弥陀三尊像）・阿弥陀の板碑（浮彫阿弥陀三尊碑）・光伝寺の板碑（浮彫阿弥陀三尊像）・庵寺の板碑（浮彫阿弥陀三尊像、徳治三年＝一三〇八の紀年銘がある）である。

「下守屋の妙見様《みょうけんさま》」と呼ばれた飯豊和気神社

三穂田町下守屋の北西の妙見山（七七八メートル）の中腹にある飯森山《いいもり》の頂上に、老杉に囲まれて、地元の人々から「下守屋の妙見様」と呼ばれる飯豊和気神社がある。山麓の下守屋字前田には遥拝殿と社務所がある。

祭神は、御饌津神《みけつのかみ》・息長足姫尊《いきながたりひめのみこと》・妙見尊《みょうけんのみこと》で、神亀元年（七二四）天正天皇の勅旨により伊勢大神宮から御饌津大神を勧請して創建したと伝える。

延喜式内社で、寛平九年（八九七）に従五位下の神位を授けられた。五穀豊穣・衣食住福徳の神として信仰を集めてきたが、近世に入り妙見尊が合祀された。地元の伝承によると、昔相馬の方から妙見の尊像を背負った受戒比丘尼《びくに》が、村々を感化しながらこの地に来て、その像を飯豊和気神社に奉納したためといわれる。神社はその後「妙見の社」と呼ばれ、元文年中

（一七三六〜一七四一）に正一位の宣下を受けた。

寛永十二年（一六三五）野火のため焼失したが、翌十三年会津藩主加藤明成が再建した。

例祭は、春季旧三月二十四日、秋季旧九月二十四日に行われ、秋の例祭には、二日にわたり神輿の渡御が行われた。また信者は、前日の夕刻から山頂の拝殿に夜籠りをし、翌朝神官の祈禱を受け下山したという。

夜籠りの夜には「御龍燈の奇瑞」を見ることができたといわれる。龍燈は、下の谷間から幾百もの光の玉が青白く光りながら奥社

妙見山（上）と飯森山（下）　この森の中に神社がある

飯豊和気神社（『郡山の歴史』H16, P24）

飯豊和気神社の遥拝所

殿前の木々の中を登ってくるというもので、この神秘的で不思議な現象をこれまで大勢の人が見たというのである。

秋祭りには、古くは甘酒神事や籾替《もみかえ》神事も行われたが、今は廃絶してしまった。

遥拝殿のある下守屋地区には、妙見信仰の篤かった会津藩主加藤嘉明の前で唄い踊ったという安積甚句があり、かつては、お盆に仏の供養のため二晩連続で踊ったといわれる。

郡山市湖南町地区

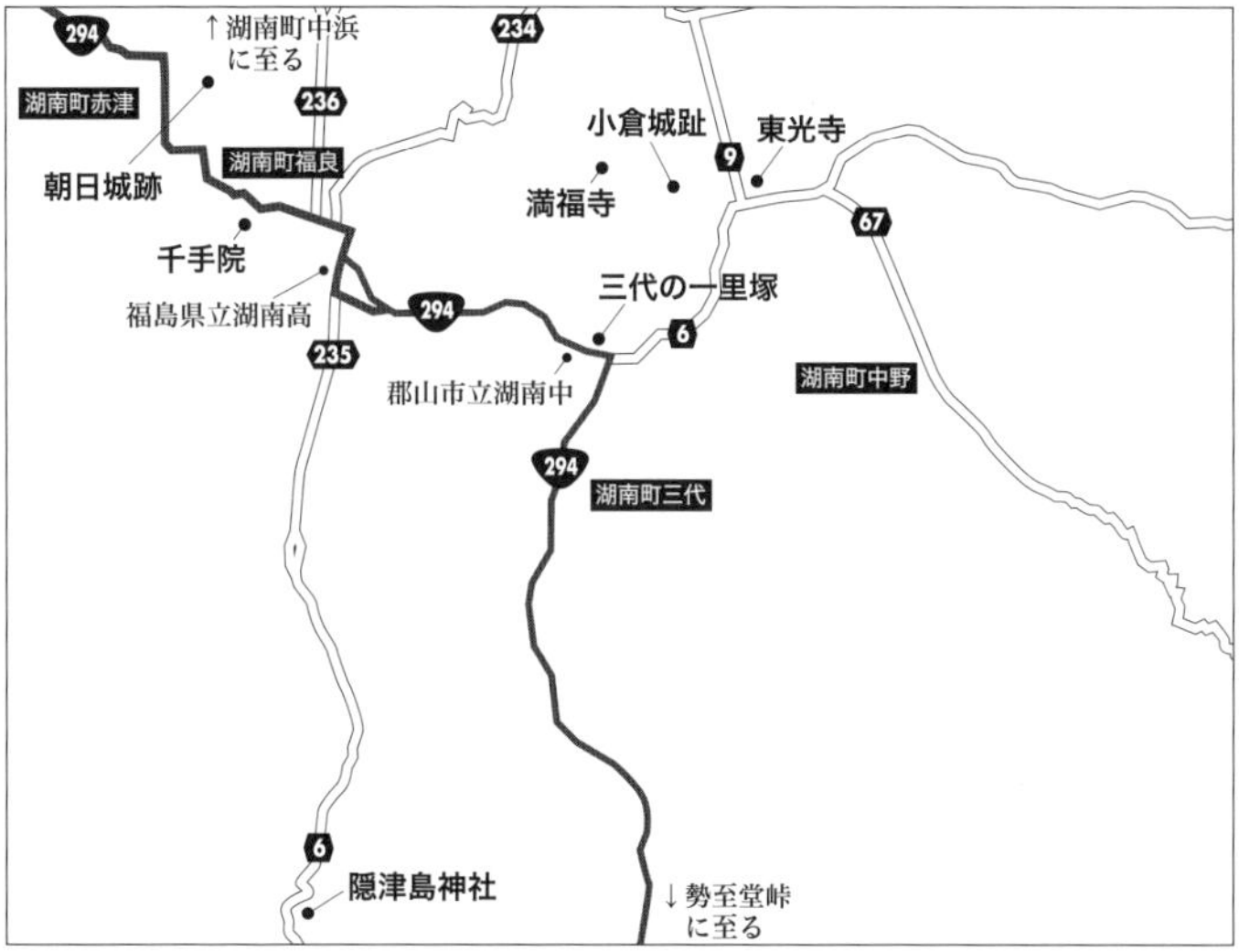
294
↑湖南町中浜
に至る
234
湖南町赤津
236
小倉城趾
東光寺
湖南町福良
9
朝日城跡
満福寺
67
千手院
三代の一里塚
福島県立湖南高
294
6
235
郡山市立湖南中
湖南町中野
294
湖南町三代
6
隠津島神社
↓勢至堂峠
に至る

湖南町の縄文時代後期の遺跡

湖南町の馬入新田遺跡は、湖南から馬入峠越えで中通りに至る街道の脇を流れる菅川《すがかわ》の流域にあり、ここからほぼ完全な形で注口土器が出土した。

文様は、口縁下に二条の細い隆起文を巡らし、胴部上半に横位に走る磨消縄文が施され、強く肩の張った壺形に、直立に近い注口部が付いた極めて珍しい独特の形態の土器である。

山ノ神遺跡は、猪苗代湖岸から南へ約二キロメートル離れた舟津字御櫃西《おひつにし》・広畑の県道二三四号猪苗代・湖南線の東側の山裾にあり、平成二年に遺跡の北側の発掘調査が行われた。

その結果縄文時代後期・晩期の土坑墓・埋甕と呼ばれ土器棺と平安時代の竪穴住居跡・掘立柱建物跡・土器・土製品・石錘が出土した。

注口土器（湖南町馬入新田・『郡山市史１』）

縄文晩期の注口土器（湖南町舟津・『郡山市史１』）

出土した多量の縄文土器には、急須《きゅうす》形の注口土器・花瓶のような壺形土器・擂鉢形の浅鉢があった。

山ノ神遺跡は、県内でも珍しい低湿地遺跡で、通常朽ちて残らない木製の道具やクルミ・トチなどの木の実が出土した。また縄文時代後期・晩期の土層から弓形の木製品二点が出土した。ともに弦を張った痕もなく、弭《ゆはず》（弓の両側の弦を張る部分）の一方が太いことから製作途中のものと考えられる。

発掘前調査では、二〇センチほどの平たい石の表面に、鹿と弓を構えた人の線刻された自然礫が採集された。この礫は弓の製作にかかる儀式などに使われていたものでないかと推測されている。

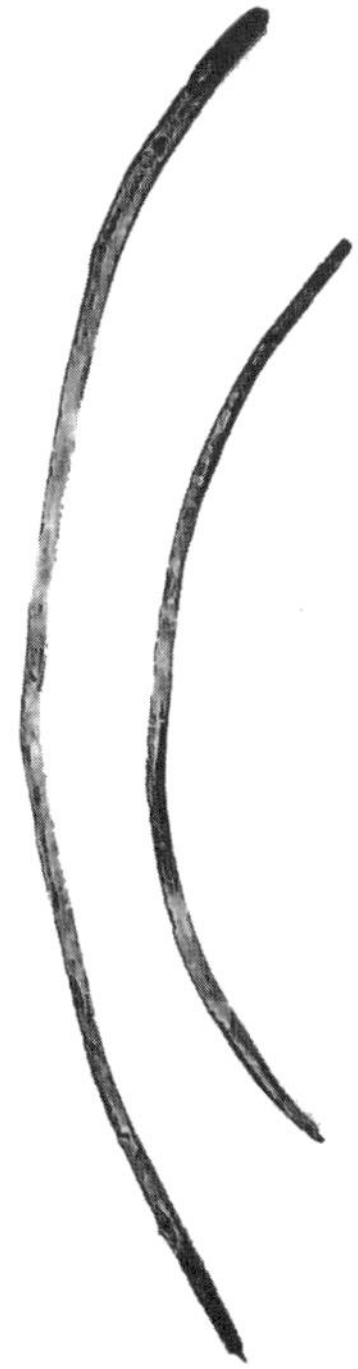

弓（山ノ神遺跡・『郡山の歴史』H26, P5）

狩猟が描かれた線刻礫（山ノ神遺跡　※偽物という指摘もある・『ふくしまの遺跡』）

湖南町の中世城館 —— 小倉城跡・朝日城跡

小倉城は、湖南町中野の中地川のほとりの小高い丘の上に築かれた平山城である。霧島城とも呼ばれた。

城は、本丸と北の丸からなり、本丸は東西四八間（約一五八・四メートル）、南北二一間（約六九・三メートル）の広さで、南を中地川が流れて自然の防御帯となっていた。他の三面は堀形をなしており、中地川の水を引いていたものと思われる。北面に小さな出丸があった。

文暦二年（一二三五）束塚《そくつか》丹波守実恒《さねつね》が、磐梯山の秀峰、猪苗代の勝景を一望におさめる小倉山に築城したと伝えられる。その後安積伊東氏の居城となり、元応二年（一三二〇）には中地彦三郎が居城し、応永二年（一三九五）には中地沙弥性久が在城している。応永十一年（一四〇四）の『仙道諸家一揆連判』に「中地　沙弥性久」と書かれていた。

応仁二年（一四六八）頃から会津葦名氏の支配下に入り、長沼から新国信濃守が城主となり、

小倉城本丸跡

以後八〇年余その子孫が代々の城主となったが、永禄四年（一五六一）頃から、再び伊東氏の居城となり、伊東薩摩守盛恒が在城した。盛恒は小倉城の鎮護寺東光寺の境内にあった阿弥陀堂（中地の大仏殿）の胎内修理銘に見える人物で、伊東山城守盛祐の嫡子である。

常夏川から見た朝日城跡

盛恒は、中地・福良など五か村を領有していたが、田村隆顕に従い、葦名盛氏と戦ったが敗れ、宮城県大崎郡名生城に逃れて亡くなった。

天正十七年（一五八九）葦名氏も伊達政宗に亡ぼされ、小倉城は廃城となった。

本丸跡に小倉神社が鎮座している。束塚実恒が開拓の守護神として筑紫の宗像大社より田心姫を祭神として迎え、創建したといわれる。

朝日城は、湖南町赤津を流れる常夏川が作り出した平地にせり出した、丘陵の突端に築城された。

『会津温故拾要抄』などによると、栗森弾正貞親が築き、その子栗森備中が居城していたが、常夏川東岸にいた赤沼治左衛門に討たれ、滅ぼされた。

鎌倉時代になると、伊東祐光が源頼朝の命により赤沼に封じられ、建久年間（一一九〇〜一一九九）朝日城を改築したといわれる。後、伊東氏が代々居城した。

城は、本丸東西一八間（約六二メートル）、南北一四間（約四五メートル）の小さな山城で、城下の平地に、四方に堀を巡らした平館があったが、昭和五十一年圃場整備により破壊された。

赤沼字諏訪内の諏訪神社は、承平年間（九三一〜九三八）赤沼氏が信州諏訪から勧請したもので、伊東祐光も守護神として崇めたといわれる。

県内随一の社叢を持つ福良の隠津島神社

福良の街から南へ四キロメートルほどの所に会津布引山がある。隠津島神社はその東麓加籠《かろう》山《さん》の下に鎮座する。神社前の道路は昔から白河の関を越え、羽鳥—大平—更目木《ざらめき》—馬入—福良と続き、会津に向かう湯本街道と呼ばれた古街道が通っている。古代東北開発に来た人々が、この地に湖水の守護神である宗像三女神《めがみ》（隠津島姫命・田心姫命・瑞神姫《みずかみひめ》命）を奉祀し、神社を創建したものと思われる。

隠津島神社の由緒は、神社境内の説明板に次のように書いてある。

清和天皇の御代貞観八年（八六六）六月、筑後国宇佐郡に鎮座する宗像神社を勧請し、隠津島神社と号した。境内に菅谷地あり、菅草が多く生えていたため、菅明神、お菅様と呼ばれた。

その昔、旱魃の時にその菅草を取り、社前に供え雨乞いすれば必ず降雨したと伝える。その菅草は、神官桑名氏が、菅滝で身を浄め採取する。

寛永年間（一六二四〜一六四四）保科正之公が入部した時、当社に式内社の詮議あり、正徳元年（一七一一）三月中御門天皇の御代の式内社たる証をもって、延喜式内社隠津島神社と認められる。

同年間会津藩主松平肥後守（正容）公が家臣に命じて新たに御神殿以下を修復された。

その後度々修復を重ね、明治二十二年（一八八九）神殿、

隠津島神社社殿

隠津島神社の風穴

隠津島神社背後の叢林

幣殿、拝殿を再築して現在に至っている（以下略）。

社殿背後の叢林の中にある巨岩の下に風穴がある。風穴は夏は冷風、冬は暖風を吹き上げることから、神風岩と称された。商売繁昌、無病息災を祈る、俗に「へび神様」として信仰されてきた。これは昔、筑紫の国から宗像神を勧請の時、その道案内をした付人がその役目を終えると、風穴の所で蛇の姿になり、穴に身を隠したという伝説による。またこの巨岩の洞穴には次のような伝承もある。

この洞穴に入るとか、石を投げ込むと、たちまち竜神の怒りに触れ、一瞬にして天地晦《かい》冥《めい》、湖水の水が氾濫し、村中を水浸しにすると恐れられていた。

ある年のこと、この地方に一滴の水も降らず作物は枯れ、湖水の水も涸れて村民は困っていた。このとき隠津島神社の神主は、竜神の住む洞窟に身を入れ、一刻も早く雨を降らせ給えと一心不乱に祈念し続けると霊験が現れ、車軸を流すような大豪雨となった。田畑は潤《うるお》い、村民は大いに喜び、竜神様に感謝したといわれる。

境内には今も菅生地があり、社殿を取巻く森は、数百年間斧を入れたことがないといわれ、ナラ・ケヤキ・トチ・ブナ・ヒノキ・カエデ・サワクルミ・ホウ・タモ・シナ・クリ・カツラ・カヤなどの自然林が境内を覆っており、県内随一の社叢として、昭和三十九年福島県の天然記念物に指定された。

中地の二つの阿弥陀如来座像 —— 東光寺・満福寺

郡山から三森峠を上り、湖南町に入って来ると中野の集落に至る。街の中ほどの大ケヤキの奥にある大仏殿に、「中地の大仏様」と呼ばれる木造阿弥陀如来座像が安置されている。

東光寺大仏殿

大仏殿の創建は、伝承によると、天嘉五年（一〇五七）源義家が東北征伐のみぎり、三森峠で神仏の加護を祈り、戦い、賊徒を平らげることができたので、三森峠麓の山中に一堂を建立し、丈六の阿弥陀如来座像を安置したことに始まる。鎌倉時代に入り、この地を領有した伊東氏が小倉城を築いた折、堂の窪に大仏殿を造り、金色燦然《さんぜん》たる後背を持つこの阿弥陀如来座像を移したといわれる。

寛文年中（一六六一〜一六七三）若松城主保科正之がそれを現在地に移した。その運搬に使用した木車が、今も台座の下に昔の姿のまま残されている。

大仏殿に安置されている阿弥陀如来座像は、座像としては東北最大のものである。

室町末期の永禄十一年（一五六八）に二一年がかりで大修理が行われたことが頭部の木心に刻まれている。

仏像は、頭部の渦巻型の髪、切れ長の目、薄い唇など鎌倉仏の特徴を有しており、鎌倉時代後期の作と推定されている。

大仏殿の隣の経蔵には、江戸時代の僧鉄目和尚が作成した木版印刷の大般若《はんにゃ》波羅密多経六〇〇巻が収蔵されている。現在仏像の管理は中野小倉山東光寺が行っている。

中地の大仏が安置されている東光寺大仏殿の境内には「大仏のケヤキ」と呼ばれる大ケヤキ（福島県天然記念物）と大エノキがある。

ケヤキとエノキはともにニレ科に属し、大ケヤキは樹高二一メートル、胸高直径二四五センチ、樹齢五五〇年と推定されている。また大エノキは、樹高二二メートル、胸高直径一三五センチ、樹齢は三五〇年と推定される。

青葉の季節には、この二本の大木により、こんもりとした緑の森が出現する。

猪苗代湖に注ぐ中地川沿いにある小倉城跡を過ぎ、農道を西に五〇〇メートルほど行くと山手に満福寺がある。

満福寺は、永正十四年（一五一七）に草創され

木造阿弥陀如来座像（湖南町中野東光寺　県重文・『郡山市史８』）

木造阿弥陀如来座像（県重文）

た寺院で阿弥陀三尊像を安置している。

本尊は、藤原様式を伝えた鎌倉期の仏像で、小つぶの螺髪、まんじゅう型の肉《にく》髻《けい》、柔和な顔立ち、細やかな波のうねりのような衣文など大変美しい像である。

両脇侍は小像であるが、腰をかがめ、来迎相を取っている。

福良の千手観音

福良の街から菅川にかかる橋を渡り、赤津に向かう道路の左手の山麓に、千手院無窮山伏竜寺の観音堂がある。

ここには寛元四年（一二四六）満月上人が弘法大師の断簡から作成したという「奥州浅香郡菱形荘無窮山之千手千眼観音霊御縁起書」が残されている。これには福良の千手観音の由来を次のように書いてある。

嵯峨天皇の御代弘仁三年（八一二）弘法大師が諸国巡錫の折、湖南の地形が病の文字に見えたので来て見ると、果して大蛇が蟠《うず》くまり、妖雲を捲き散らしていた。そのため五穀は実らず、病気がはびこり、多くの人々が苦しんでいた。

大師は五仏薬師を安置して祈ったところ、天から光り輝く霊木が降りて来たので、大師自ら千手千眼観音を刻み、御堂を建てて安置し、護摩壇に籠り法力を以て大蛇を調伏し、人々の安寧を回復した。

その後徳一大師が空海の後を受けて別当となり、無窮山千手院伏竜寺を建立した。

伏竜寺の名は、猪苗代湖から大蛇が出て、多くの人を呑んで村人が困っていた時、弘法大師がこの大蛇を折伏《しゃくぶく》させると、山に入った大蛇の尾が竜の臥《ふ》したる姿に似ていたことから、伏竜寺と名付けたといわれる。

千手観音堂

境内の夫婦モミの木

木造千手観音菩薩立像
（湖南町福良千手院　県重文・『郡山市史８』）

千手千眼観音像は、ヒノキ材の一木造りで、像の高さは一七三センチメートル、彫りは細かく、髪に黒、くちびるに朱を入れて彩色している。像を仕上げる段階で、衿《えり》首から裾まで材を二つ割りにし、内側をくりぬいてはぎ合わせている。千手は、背中左右に縦長の半月形の板を取り付け、それに一九本の手を取り付けている。合掌手と宝鉢手も本体にはぎ合わせて付けている。持物はすべて失われていた。

化物《けぶつ》は頂上・正面・後方の一面だけが元からのもので、他は補修の時に加えたものと思われる。

この像は、背中の彫刻などが簡略化

されてはいるが、顔や衣の木目は極めて鮮やかで、鎌倉時代中頃の貴重な仏像であるとして、昭和五十八年県重要文化財に指定された。

千手観音堂の境内には二本の大モミがあり、「夫婦モミ」と呼ばれている。

モミの木は、北側のモミが目通り六・三メートル、高さ三〇メートル、南側のものは目通り五・五メートル、高さ二五メートルで、普通モミは樹命は二〇〇年といわれるが、この木は四〇〇年を超える、まだまだ元気なモミの木である。

今も宿場の面影を残す三代《みよ》の街と一里塚

勢至堂峠を天栄村側から上り、峠道を北に下ると郡山市湖南町三代に出る。昭和三十年に月形・中野・三代・福良・赤津村が合併してできた湖南町は、昭和五十年に郡山市と合併して郡山市域になっているが、合併前は会津地方に属し、経済・文化すべての面で、会津の影響を受けてきた。

三代を通る街道は、白河街道或いは茨城街道と呼ばれ、豊臣秀吉の命を受け、若松城主上杉景勝が直江山城守兼続に整備させたもので、江戸時代は佐渡で産出した金を江戸に運んだり、会津藩の廻米道路として重要な街道であった。三代はその宿場町として栄えた。道の真中を小川が流れ、両側に旅籠・茶屋・問屋・御用場が立ち並び、町の北を西に曲がる角に御本陣（当時二瓶家）、その隣に口留番所が置かれていた。

明治三十八年（一九〇五）に三代宿を訪れた民俗学者柳田国男は、その著書『勢至堂峠』の中で「此村は会津街道であったから村中を用水が流れ、道幅も広く、潜戸《くぐりど》や腰高障子の家が多く、火の影が路上にさして、ただの田舎村のようでなかった」と三代の宿場風景を書いている。

三代の街中の風景

真船豊の生家

現在の三代の街は、道路も広く、よく整備されており、かつての茅葺《かやぶき》屋根が瓦やトタン屋根の家に建て替えられたが、家々は昔のままの家号を掲げており、また十分に宿場町の面影を残している。

街の中ほどに、土蔵造りを改装して店舗とした戯曲作家真船豊の生家が残されている。彼は学生時代に「寒鴨」を発表し、ついで「鼬《いたち》」「裸の町」「水泥棒」「山彦道」と数多くの作品を発表し、戯曲文学界の第一人者となった。作品の多くは故郷の湖南地方を書いたもので、「鼬」の舞台は、彼の生家の真向かいにあった大阪屋という旅籠屋であった。

三代の町を出て、会津の方向に進むと、三王坂の登り口に一里塚がある。「三代の一里塚」と呼ばれている。

寛文七年（一六六七）保科正之の時代に、一里塚の築造と松並みの植栽が行われた。現在一里塚は、三代のほか形は崩れてしまったが、福良の千手堂脇、中野の諏訪峠麓に

三代の一里塚

見ることができる。

三代の一里塚は、道路は新しく変ってしまったが、道路の北側に、旧道を間に挟んで二塚ある。南の塚は周囲三三メートル、高さ四メートルあり、北の塚もほぼ同じで、会津から七番目に当り、今の姿は昔と少しも変らない貴重な道路遺産である。

松並木は、太平洋戦争前までは、三代・唐沢に見事な松並木の風景を見せていたが、戦時中供木のため伐採し、すべて失われてしまった。

福良焼

湖南町福良は、猪苗代湖南岸に流入する菅川の中、下流の平地に開けた集落で、かつては赤津村から三代村を経て中通りに出る白河街道の宿駅であった。天正十九年（一七九二）蒲生氏郷が、天下一の茶碗焼師楽常慶《らくじょうけい》を会津に迎えた時もこの道を通ったといわれる。この街道は、会津からの荷送路であるとともに文化の流通路でもあった。

福良には福良焼といわれる陶磁器が作られていた。

文化年間（一八〇四〜一八一八）の頃、福良村の長谷川兵太夫が会津の本郷に行って陶器作りを習い、窯場を築いて焼き始めた。

初めはうまくいかず、長谷川兵太夫とその子二人は、各地の陶器窯を巡って修業を重ね、よい陶土を得てついに白磁染付《そめつけ》の福良焼を完成した。

原料となる陶土は岩瀬郡の隣村で見つかり、馬の背中に陶土の入ったカマスを付けて勢至堂峠を越えて運んできた。

天保十年（一八三九）には会津藩主松平容敬《かたたか》に福良焼を献上し、褒祠を得た。

明治の初期頃が最も栄え、最盛期には、わずか一五〇戸ほどの福良の集落にあって、長谷川・西田・鈴木・二瓶・小原・長沼・武藤・森川・宗像・渡部・佐藤・半沢の諸家が、館下（今の館山公園の東際）に五基の窯を築いて、茶碗・皿・丼・徳利・壺・鉢・急須などの日用品を焼いた。

製品は主に会津・中通り地方に出荷していたが、道路や鉄道が整備され、物品の流通が容易になると衰退に向かい、大正五年（一九一六）には廃窯となった。

福良焼の壺（『郡山の歴史』H16, P84）

郡山市田村町地区

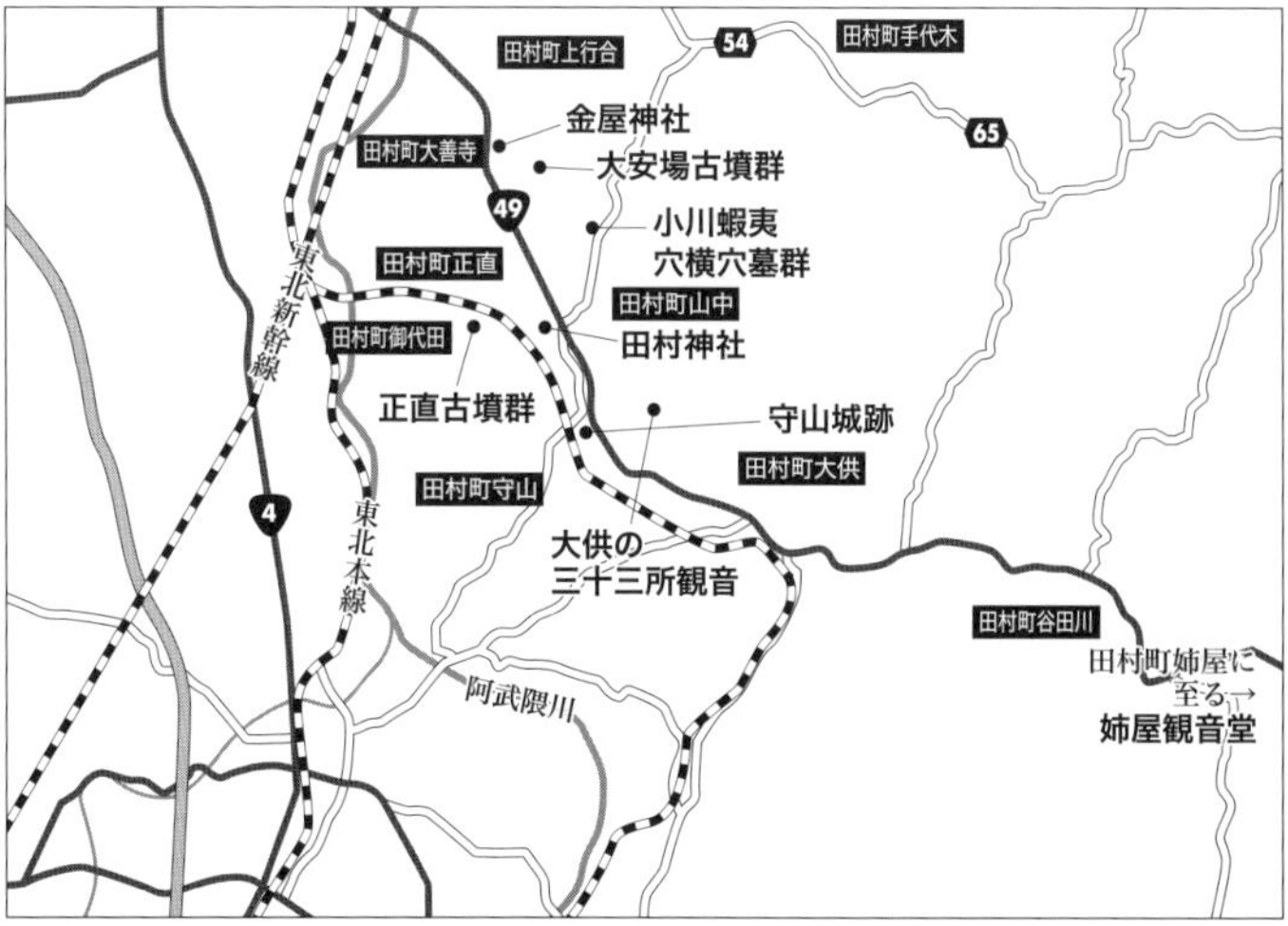
田村町上行合
54
田村町手代木
金屋神社
田村町大善寺
65
大安場古墳群
49
小川蝦夷
穴横穴墓群
田村町正直
東北新幹線
田村町山中
田村町御代田
田村神社
正直古墳群
守山城跡
田村町大供
田村町守山
4
東北本線
大供の
三十三所観音
田村町谷田川
田村町姉屋に
至る→
姉屋観音堂
阿武隈川

田村町の弥生時代から古墳時代にかけての膨大な遺跡

――御代田遺跡・徳定遺跡など

田村町は、中世田村庄に含まれ、安積地方では最も早く文化の進んだ所で、それだけに遺跡の数も多いのである。

阿武隈の山間部で狩猟と採取の生活を営んできた縄文の人々が、弥生時代に入って稲作技術の伝播を受け、阿武隈川東岸の平坦地に下りて来て、稲作中心とする生活に転換していった様子が田村町の遺跡をたどることによりよく判る。

田村町谷田川字荒小路の荒小路遺跡は、阿武隈川の支流谷田川南岸の河岸段丘上に立地する縄文時代後期（四〇〇〇年前~三〇〇〇年前）を主体とする集落跡である。

昭和五十九年母畑地区国営総合農地開発事業に伴い発掘調査が行われ、竪穴住居群・礫群・埋甕群・遺物包含層が検出されたが、造成畑地の設計変更により遺跡は盛土保存となってしまった。遺構の分布状況は、中央部に竪穴住居群、やや間を置いて東端に埋甕群、南東側に礫群が広がっていた。墓域とみられる埋甕群の中には配石や立石を伴うものもあった。

竪穴住居跡は一五棟あったが、うち四棟が調査された。殆んどの住居跡は、一辺五メートルほどの隅丸方形で、北東側に出入口を設け、住居中央にある地床炉から出入口に向かって板状の石を立石として使っていた。

遺物包含層からは、縄文後期の土器群や石器群・犬や猫の土製品・土偶・錘具が出土した。

御代田遺跡から出土した土器（目黒吉明氏所蔵）

錘具は住居跡からも出土しており、総数一〇四点（土錘九〇・石錘一二・土器片二）あった。狩猟や植物・果実の採取に加えて、漁労も盛んに行われていたことを物語っている。

このほか、縄文後期以前の落とし穴群・平安時代の竪穴住居跡一棟、鎌倉時代の掘立柱建物跡一棟が検出された。

田村町御代田字淵の上の御代田遺跡は、阿武隈川東岸の高い段丘上に立地する弥生時代初期（紀元前三〇〇年）の遺跡で、阿武隈川の水面との比高は一五から一八メートルぐらいである。

昭和二十九年に、畑を田にする整地作業を行っていた際、地表三〇センチから一三平方メートル～一六平方メートルの狭い範囲で大量の土器が出土した。

出土遺物は、完形で器形が推定できる土器一〇数個と破片二箱・

石錘二個、凹石二個が表土採集された。
器形の判る土器は次のとおりである。
浅鉢形土器―上部の開いた浅鉢土器で、平縁もしくは山形突起を持つ口縁を有する。胴部はわずかに内湾する。体の上部には変形工字文の崩れた文様を沈線であらわしているが、脚部は縄文のみが施されている。色調は灰褐色である。口径一七センチ、器高五・五センチ、脚部径六・五センチあった。
高坏形土器――体部外面に太い沈線で崩れた変形工字文を描き、下部に縄文を施している。口径一七センチ、器高三・五センチ、底部を欠いている、灰褐色を呈している。

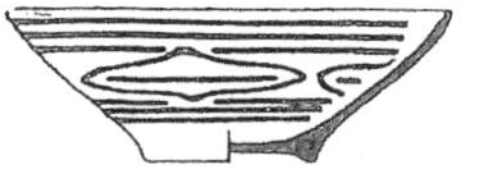
浅鉢形土器模式図（『郡山市史1』）

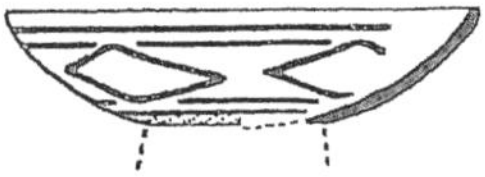
高坏形土器模式図（『郡山市史1』）

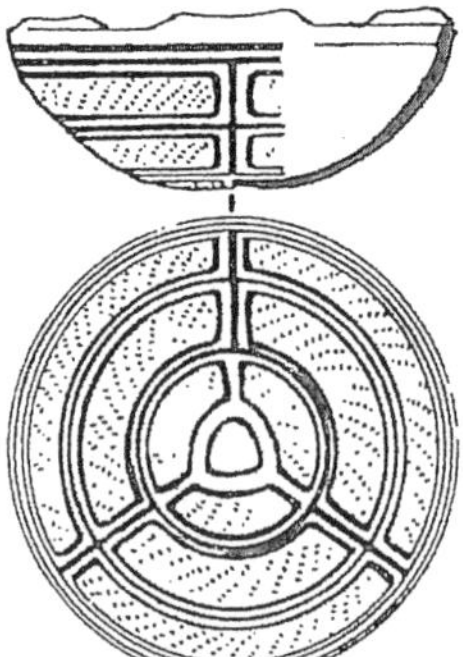
椀形土器模式図（『郡山市史1』）

鉢形土器（御代田遺跡・『郡山市史1』）

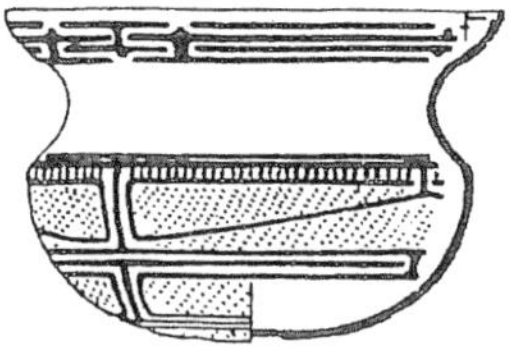
鉢形土器の模式図（『郡山市史1』）

椀形土器――この土器は、口径一三センチ、器高五センチ、丸底で半球状に近い形をなし、口縁は内側に肥厚し、上端に三個の波状隆起がある。体部の文様は二本或いは三本の平行沈線で区分し、空間を斜行縄文で埋めている。

鉢形土器――大型のものには完成品がなく、中型のものがいくつか検出された。口径一五センチ前後、器高一〇から一二センチのもので、口縁部に縄文を施した工字文状の平行線を描き、くびれた頸部は美しく磨き上げ、体部は縄文を付け、直線化した変形工字文を平行沈線で縦横に区画していた。

このほか、深鉢形土器・筒形土器・瓢形土器・壺形土器・甕形土器が出土したが、完形品はなく、いずれも破片などから推定されたものである。

これらの御代田遺跡から出土した土器は、縄文時代晩期に流行した変形工字文に、弥生時代に新たに流行した「磨消縄文」の二種類が混在する土器で「御代田式土器」と呼ばれる。

枇杷沢遺跡は、弥生時代の遺跡で、田村町山中字枇杷沢にある。昭和十三年枇杷沢池の堤から完全な形で四個の土器が見つかった（現在小原田の円寿寺に収蔵）。筒形土器一個、壺形土器三個で、筒形土器は、高さ一三センチ、口径一一・四センチ、最大胴径一二センチ、底径九・七センチで、口縁部がやや内曲する。文様は、御代田式土器に似ているが、変形工字文より転

人面土器（徳定遺跡・『郡山市史１』）

筒形土器（枇杷沢遺跡・『郡山市史８』）

壺形土器（枇杷沢遺跡・『郡山市史８』）

化したものと思われる。

壺形土器は、高さ二九センチ、二〇・七センチ、一二センチの三個あるが、二〇・七センチの壺形土器で見ると、口径一二・六センチ、胴径二一センチ、底径一一センチで、口唇部に縄文があり、頸部は無文、体部全体に右下りの斜行縄文を施し、体の上半に指頭をもってすり消した二本の横線の間に十字状の文様がある。

徳定遺跡（田村町徳定）は、安積永盛駅の東方、阿武隈川東岸の氾濫原上に立地する遺跡で、発掘調査以前より耕作中に土器が出土していたことで知られていた。

昭和四十七年から五十年まで、東北新幹線建設に伴い発掘調査が行われ、竪穴住居跡五六棟（内訳は古墳時代後期二九棟・飛鳥―奈良時代四棟・平安時代一五棟・年代不明八棟）・溝三条・ピットが検出された。遺物としては、縄文土器・弥生土器・土師器・須恵器・石製品（紡錘車・砥石など）・鉄製品（釘・紡錘車・刀子）などが出土した。

住居跡などの遺構から見ると、古墳時代後期に最も繁栄し、奈良時代に激減、平安時代に再び栄えたことが窺える。

南山田遺跡（田村町上行合）は、阿武隈川の東方約二キロメートルの標高二五五から二六〇メートルの丘陵上にある古墳時代中期から平安時代にかけての集落跡である。

平成元年発掘調査が行われ、竪穴住居跡八五棟（内訳は古墳時代中期八〇棟・奈良平安時代五棟）・古墳一基・平安時代の鍛冶工房一基が検出された。住居跡から五世紀後半（古墳時代）から六世紀初頭の須恵器九〇点が出土した。須恵器は、胎土分析の結果、その殆んどが大阪府堺市の陶邑《すえむら》古窯群産であることが判明し、その移動が注目されている。

古墳は、墳丘が削平されているが、幅二・五メートルの周溝を巡らした直径一三メートルの小円墳であることが判った。主体部はほぼ中央部にあり、木棺直葬の痕跡が確認された。周溝

出土した須恵器型把手付壺
（高さ7.1センチ・『郡山の歴史』H16, 口絵）

底面近くより出土した須恵器型把手付壺は、伽耶《かや》（韓国）を産地とする陶質土器で日本でも数例しか見られない貴重なものである。

南山田遺跡は、丘陵の中央から北側に立地するが、その南東に立地する永作遺跡は、昭和六十一年に調査され、五世紀から六世紀にかけての竪穴住居跡が二九棟検出され、南山田遺跡と合わせると一〇九棟になり、その戸数の多さから、この地方の中心的集落であったことが判る。二つの遺跡の竪穴住居跡は、他の地区の住居と変りはないが、ここでは炉に替って竈が造られ、煮炊き専用の場所が設けられていたほか、外来の焼物であった須恵器も多く使われていた。また農具などの製造・補修を行った鍛冶場跡もあり、鉄製品がひんぱんに使われていたことを物語っている。

艮耕地《こんこうち》A遺跡（田村町上行合）は、阿武隈川と谷田川が合流する地点の南側約一・二キロメートルほどの氾濫原に立地する遺跡である。

昭和五十九年に国営畑地開発事業に伴い発掘調査が行われ、掘立柱建物跡三棟・竪穴遺構三基・井戸跡七基・土坑二七基・溝跡一四条・柱穴状小ピット八三〇基が検出された。

遺物は土師質土器小皿・木製品（下駄・曲物底板）・砥石・陶器・弥生土器・須恵器が出土した。井戸は素掘りのものと縦長の板を並べて横桟で固定した方形の木枠を持つ井戸の二種類があった。竪穴遺構からカラス貝も出土している。

この遺跡は、出土した灯明皿からみて、十三世紀（平安時代）から十四世紀を中心とした時期の集落と考えられている。

隣接して宮田A・B・C遺跡、宮耕地遺跡があるが、これら三つの遺跡で、大きな集落を構成していたものと考えられる。

東山田遺跡（田村町山中字東山田）は、住宅団地の造成に当って発掘調査が行われ、竪穴住居跡一四五棟・掘立柱建物跡一二五棟・土坑五四三基・井戸三基・鍛冶場遺構三基・須恵器窯一基・溝跡三条が検出された。この遺跡からは、縄文時代から江戸時代までの住居跡があったが、中心となるものは奈良・平安時代であったと考えられる。

縄文・弥生時代の竪穴住居は、二〇平方メートル程度が普通だが、この遺跡の住居は際立って規模の大きいものがあった。

東山田遺跡倉庫群（人の立っている所に柱があった・『郡山の歴史』H16, P21）

掘立柱建物は倉庫群を形成したと思われるが、付近で生産された米穀類や織物を収納したものと考えられる。

奈良時代の竪穴住居跡から、「火長」とヘラ書きした瓦が出土したが、火長が軍団の役職名を表すものとすれば、ここに大勢の軍人が駐留していたことも窺われる。

正直古墳群

正直古墳群は、郡山市立守山中学校の東北に広がる低い丘陵上に分布する古墳群で、前方後方墳・方墳・円墳で構成される。

現在確認できるものは二四基で、これまで破壊されてしまった古墳を含めると総数は四一基あったと考えられている。

これまで九基が発掘調査されたが、遺体を葬る棺《ひつぎ》には木棺と箱式石棺（石棺は二つあり、その一つは中央を板石で二つに区切られ、内部の石は真っ赤に塗られていた）の二種類があった。また棺内や周溝から鹿角装具の付いた鉄剣・大刀・鉄斧・鉄鏃などの鉄製品、有孔円板・剣・臼玉・斧・刀子などの石製模造品、櫛・勾玉・ガラス玉・管玉の装身品など多くの遺物が出土した。刀子・剣・鏡などの石製模造品は、主に祭祀に使用されるもので、正直古墳群では、これら石製模造品を使用して継続的に祭祀が行われていたと判断される。正直古墳群は、これら遺物からみて、古墳の築造年代は、古墳時代中期の前半頃（五世紀前半）と推定される。

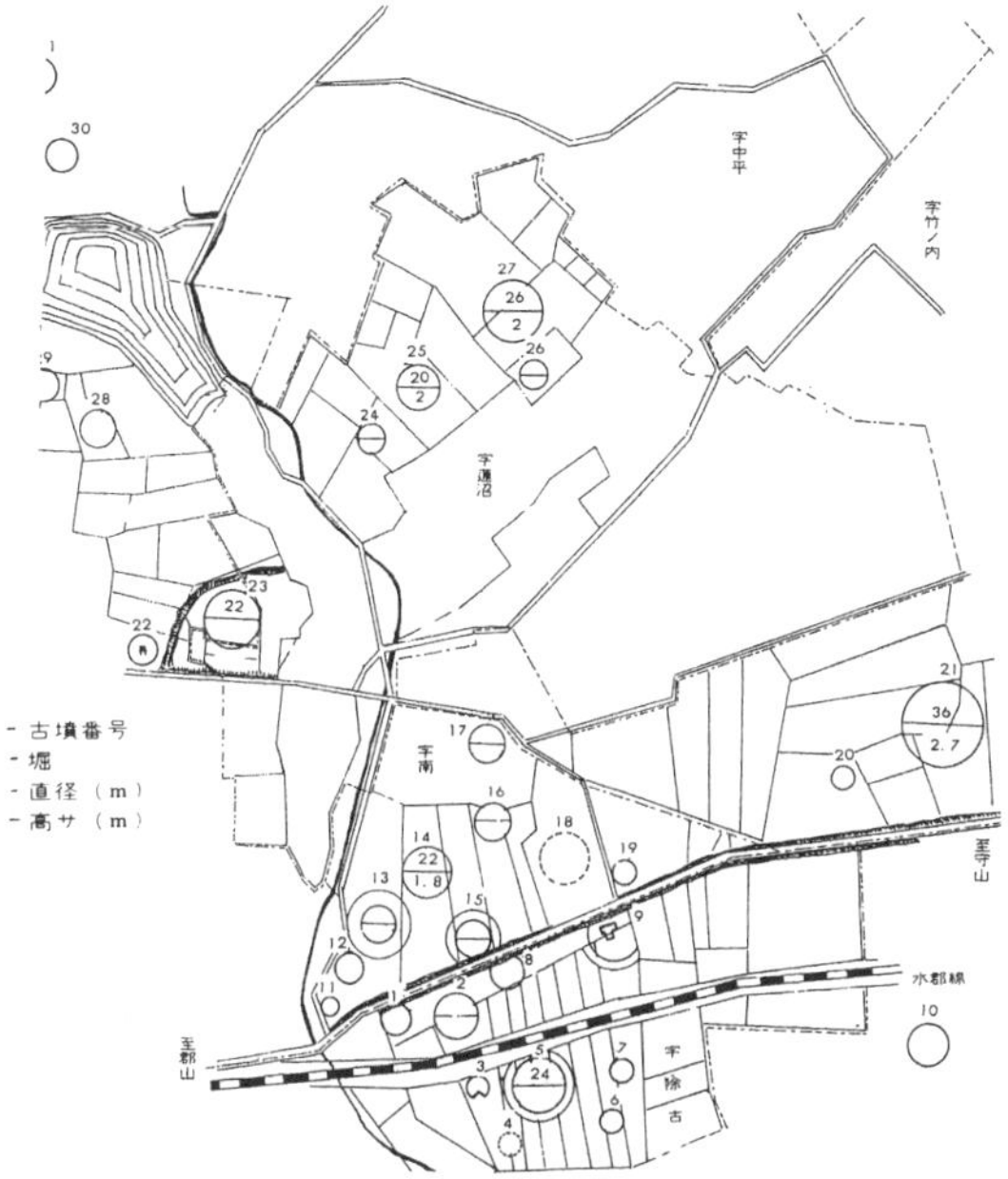

正直古墳群分布図（『福島県史6』）

正直古墳石室内部（『郡山市史8』）

ただ一基あった前方後方墳は、全長約三七メートル、後方部二五メートルと正直古墳群では最大規模を持ち、初め前方後円墳と考えられていたが、最近の測量調査の結果、前方後方墳であることが判明した。この墳からは遺物が出土しないため築造年代は明確でないが、福島県内の前方後方墳の多くが古墳時代前期（四世紀）に築造されていることから、この古墳は、他の古墳から離れていることもあり、円墳や方墳に先がけて築造されたものと想像される。

正直古墳群は、昭和四十五年に山林開墾中に発見されたもので、この時郡山地方で最初の人骨二体が発見された。一体は、木の根に覆われて一見人骨に見えなかったが、頭部部分に櫛、脇に刀が置かれていた。もう一体は古墳の中央に置かれた棺の中で見つかった。この棺は周囲を木炭で包まれており、いわゆる木炭棺と思われる。

大安場古墳群

阿武隈川東岸の田村町大善寺にある阿武隈高地の西縁から張り出した丘陵の先端に、前方後方墳一基と円墳四基からなる大安場古墳群がある。

前方後方墳は、古墳時代前期（紀元前三五〇年）頃に造られたもので、全長八四メートルと東北一の規模を誇る（全国では一九番目）。

墳の築造方法は、まず尾根の先端を削っておおまかな形を造り、それに盛り土をして形を整えたもので、大安場古墳一号墳の場合、前方部二段、後方部三段の階段式ピラミッド型古墳となっている。

発掘前の前方後方墳（『ふくしまの遺跡』）

大安場古墳　前方後方墳

平成八年から発掘調査が行われ、墳頂部に高さ四〇センチほどの壺が埴輪のように並べられ、斜面からも多くの壺の破片が出土した。
古墳の一番高い所には、幅二メートル、長さ約一〇メートルの長方形に掘った穴に粘土が貼り付けられ、その中央に幅約一メートル、長さ九メートルにわたって窪みがあった。棺は残っていなかったが、ここに棺が納められていたと考えられ、この窪みから、エメラルドグリーンに輝く石釧《いしくしろ》（腕輪形石製品）や大刀・剣・槍・鉄斧・鎌が出土した。

一号墳を築造した人員は、延二万人に及ぶと推計されており、このことから中通り一帯を支配した権力者がいたことが推測されている。四基の円墳の一つは、径一五メートルの円墳で、中央に板石を組んで造った箱形の棺が埋まっていた。

この古墳群は、平成十二年に国の史跡に、また出土品は平成十五年に県の重要文化財に指定された。

副葬品「石釧」（大安場古墳・『郡山の歴史』H16, 口絵）

小川蝦夷穴横穴墓群

小川蝦夷穴横穴墓群は、大安場古墳の東方約一キロメートルの所にある。現在まで一三基が確認されているが、うち一一基は大正時代に開口しており、残る一二号・

一三号の二基が発掘調査された。

　一二号横穴は、玄室（棺を納める室）の半分が残っており、中から柄頭が円筒形で先が丸い、「方頭《ほうとう》大刀《たち》」と呼ばれる大刀一振が検出された。この大刀は、全国でも三〇数例しかない貴重なものである。

　一三号横穴は、前庭部は壊されていたが、閉塞石から玄室まで当時のまま残されており、玄室内から折り重なって大刀三振と首飾と見られるガラス小玉四点が出土した。大刀のうち一振には、鍔や縁金具に木の葉の文様の銀象嵌《ぎんぞうかん》が

小川蝦夷穴横穴墓群

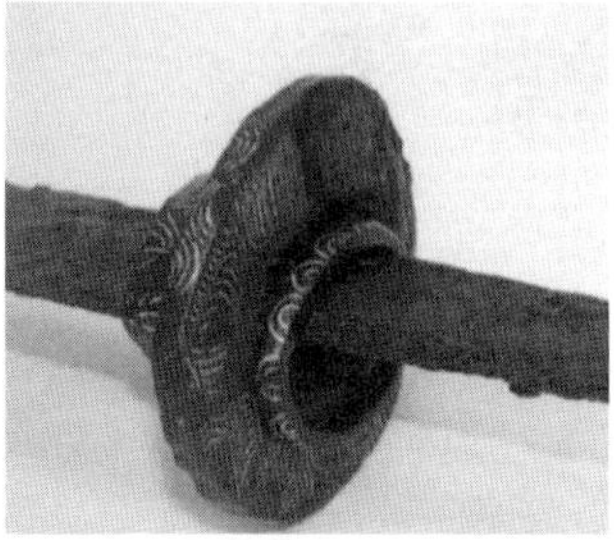

方頭大刀把頭（『ふくしまの遺跡』）

大刀の銀象嵌を拡大したもの
（『ふくしまの遺跡』）

施されていた。

横穴群はこの大刀の形状から見て、七世紀前半に築造されたものと考えられている。

田村麻呂の母阿古陀媛《あこだひめ》を祀った金屋神社

郡山市街から国道四九号線を田村町の方向に進むと、金屋集落の左側に金屋神社が見える。坂上田村麻呂は、公式記録では、中国から渡来し帰化した阿知使主《あちのおみ》の後裔で、天平宝字二年（七五八）坂上刈田麻呂の子として、平城京の郊外田村の里に生まれたとされるが、それを覆《くつがえ》すかのように、郡山市田村町には田村麻呂の生誕にかかる伝承が数多く残されている。

ここでは、田村麻呂の生母阿古陀媛の伝承を郡山市教育委員会編『郡山の伝説』の中から紹介する。


千二百年の昔、金屋の平館に普門王という人がいた。その人に希にみる大醜女《おおしこめ》の阿古陀という娘がいた。

陸奥鎮守将軍坂上刈田麻呂が、光仁天皇の命を受け、蝦夷征伐のためこの地に来た時、阿古陀媛に逢うが、醜女であるはずの媛がどうしてか刈田麻呂には絶世の美女にみえた。幾日か宿をとり阿古陀媛と契りを交わしたが、やがて刈田麻呂は任務を終え都に帰ってしまった。それから月満ちて阿古陀媛は男の子を産んだ。後の征夷大将軍坂上田村麻呂である。田村麻呂の生れた場所は、金屋の赤子土《あかごど》で今でもその地名が残っている。

産湯として使われた井戸は、自然石を積み重ねて出来ている白清水と呼ばれる井戸であった。それは普門翁が酒を作るために使っていた水で、大正時代までは近所の人も使っていたが、昭和二十八年に道路工事により姿を消した。

阿古陀媛は、父普門王に子の父の名を聞かれたが、答えなかったので不義の子として捨てさせられた。そのとき二羽の鶴が飛んで来て、子どもを運び育てはじめたので人々は驚き、再び媛のもとに戻したという。鶴が子どもを運んだ山をそれから鶴石山と呼ぶようになった。阿古陀媛は我が手で子どもを育てるため、稲糀《いねこうじ》をとり白清水の水で甘酒を造り、近所の人々に売って暮していたといわれる（「阿古陀媛と白清水」から）。

阿古陀媛が田村麻呂を育てていると、再び征伐のため刈田麻呂がこの地を訪れた。下行合の橋の上で、刈田麻呂は田村麻呂と対面し、形見として子に鏑矢《かぶらや》を与えたという。田村麻呂は十二歳の時都に上り、苦心の末父の刈田麻呂に逢い、それから文武両道を学び成人したという。
阿古陀媛はこの地に残り、谷田川の近くに賀多寿《がだじ》堂を建て、田村麻呂の武運長久を祈願したという。今も賀多寿堂という地名が残っている。その堂の境内にあったのが、阿古陀媛が植えた松で、金屋神社の東、谷田川の堤防岸に樹齢数百年という枝ぶりの良い老松がそれであるといわれるが、今は残っていない。

昭和五十年谷田川改修の際、賀多寿堂跡は工事により破壊されたが、跡から石臼の破片と鏡二面が出土した。

阿古陀媛の父普門が住んでいた平館地内から仏像が掘り出されている。像高三・八センチの小さな大日如来像で、これは田村麻呂が蝦夷征伐の折、髻《もとどり》の中に入れて来た仏像だという。

金屋神社は阿古陀媛を祀ったもので、昔は杉の宮大神宮といったが、明治初年に金屋神社と改称した（「阿古陀媛手植えの松」から）。

金屋神社社殿

このほか、田村麻呂にかかる伝承としては、田村麻呂の産湯に使ったという「産清水《うぶしみず》」、田村麻呂を取り上げた「抱上げ坂」、田村麻呂が石をお手玉にして遊んだという「手玉石」などが残っているが、その遺跡は消失してしまっている。

田村麻呂の創建した田村神社

郡山から守山に向かって国道四九号線を進むと、やがて右手にこんもりとした森が見える。この森の中に田村神社がある。

田村神社の参道は、数十段を数える高い石段となっており、左右に杉の大木が茂る石段を上ると、正面に豪壮な仁王門が待っている。仁王門を潜り、八〇メートルばかり進むと田村神社本殿に至る。

田村神社は『田村郡郷土誌』によると「延暦二十一年（八〇二）征夷大将軍坂上田村麻呂が東奥の蝦夷を征伐し凱戦した際、雲水峰《うずみね》にかかる祥雲を見てその方向にある守山村大字山中に鎮守山泰平寺を建立し、田村麻呂の守り本尊の大元帥明王座像を安置した。その後大同四年（八〇九）田村麻呂の遺徳を偲び、里人が社殿を造営し、神霊として大元帥明王を遷座し、大元帥明王と称した」と書いている。

その後明治の廃仏毀釈令により大元帥明王は解体され、田村神社となった。

本殿は、桁行三間、梁間三間の大きさで、回りに高欄の付いた縁が巡っている。壁は盲格子の付いた板壁で、連子《れんじ》窓《まど》（断面が正方形又は菱形の棒を縦又は横に数多く並べた窓）が取り付けられ、屋根は入母屋造りとなっている。

内陣は縦一間、横二間の広さで、天井は板を水平に張った鏡天井で、外陣は内陣を一間の幅で囲んでいる。

内陣正面の来迎柱を背にした須弥《しゅみ》壇の上に県重要文化財の厨子が置かれ、中に大元帥明王が祀られている。厨子は方一間の単層入母屋造りで、禅宗の仏殿様式を用い、細工は入念で、桃山時代を下らない時期に造られたとみられている。

田村神社本殿

本殿の脇に二棟の脇社殿がある。いずれも柱の幅が一間の一間社で、一つは屋根が前方に長く伸びた流造り、もう一つは階段の上に建物を置く形の春日造りである。

田村神社には多くの絵馬や算額が保存されている。県重要文化財の「蒔絵絵馬」二面（室町時代）をはじめ、鳥居派初代清信の「大江山図」、鳥居忠次の「三国志三傑図」、亞欧堂田善の弟子遠藤田一の「佃島《つくだじま》遠望の図」、定経筆「鎮西八郎為朝」などである。算額では明治十五年（一八八二）山中村渡辺今朝吉の奉納した算額がある。

元禄二年（一六八九）四月、松尾芭蕉は曾良とともに大元帥明王を訪れた。曾良日記に「先《まず》大元帥明王へ参詣。裏門ヨリ本実坊ニ寄ル。善法寺ニ案内シテ本実坊同道シテ行。村レ雪歌仙絵讃宗鑑之由見物、探幽ガ大元明王ヲ拝ム」と書いている。芭蕉は大元帥明王に参詣し、善法寺の末寺本実坊を訪れ、本実坊の案内

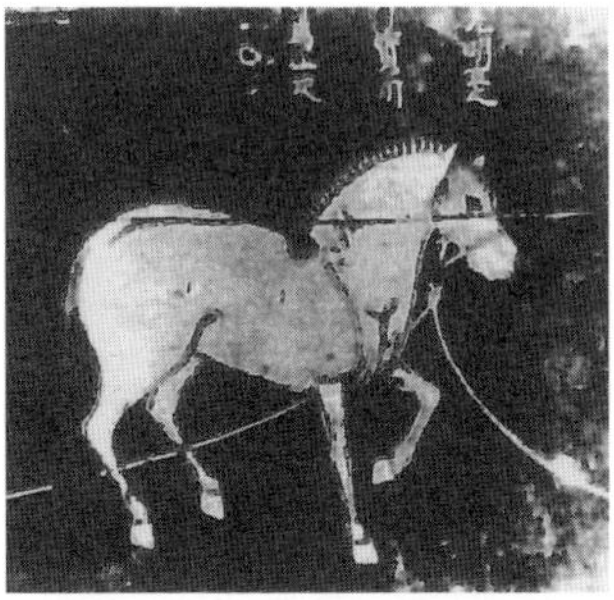
絵馬（蒔絵）（県重文・『郡山市史1』）

延宝八年の検地燈籠

で善法寺の雪村の歌仙絵や巨勢金岡《こせのかなおか》の描いた不動明王を見るのであった。学頭善法寺は別当帥《すい》継院《けいいん》と並んで明王山に近い東の丘にあったが、今はすべて跡かたもない。

田村神社は古社にふさわしく、境内には須賀川の豪商市原家が奉納した石燈籠や延宝八年（一六八〇）の検地燈籠、帥継院住職行諦の「鎮守山の碍」などいくつもの遺跡がある。社殿裏には、慶長五年（一六〇〇）に植えたという樹齢四〇〇年の「泰平寺のサクラ」と呼ばれるエドヒガン桜の大木がある。

守山城跡

守山城は谷田川の河岸段丘上に立地し、現況は畑・宅地・守山小学校敷地・城山八幡宮境内となっている。

本郭は城山八幡宮境内にあり、約五〇メートル四方の五角形の平坦地で、その周囲に幅二メートル、高さ五〇センチから八〇センチ程度の土塁が残っている。本丸東側下段に腰曲輪がある。西南に本郭より五メートルほど下って二の丸があり、空堀を隔てて西に三の丸がある。大手口は、三の丸の西辺の南寄りにあったと思われる。三の丸西側の一段低くなっている場所がかつての城下町で、現在国道四九号線がその中心付近を縦断している。

三の丸の北方に出丸があり、東・西は崖地で、南・北は堀切によって独立の曲輪となっている。

城の全長は、南北に約三三〇メートル、東西に約二五〇メートルあり、南に開く扇状形をなしている。本丸は、東・南・北が比高一〇メートルから一二メートルほどの崖になっており、その東を流れる谷田川の支流黒石川が外堀の役割を持つ天然の要害となっている。

守山城本郭跡　正面は城山八幡神社

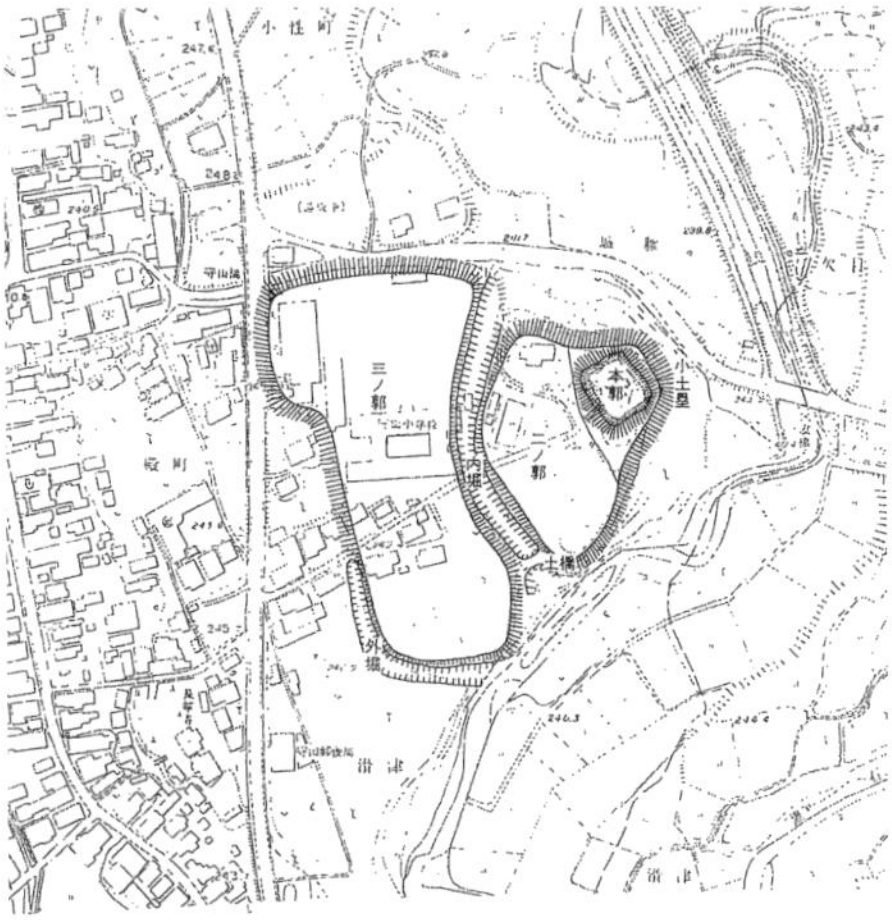

守山城略測図（『福島県の中世城館跡』）

平成十二年から十四年までの二の丸の発掘調査で、掘立建物跡・礎石建物跡・敷石建物跡・石

守山城二の丸石垣

守山城三の丸１号墳（上）と円筒埴輪

積水路など多数の遺構が検出された。また南北の空堀から、南北五五メートル、高さ六メートルから八メートルの石垣が発見された。

石垣は凝灰岩を主体に自然石を利用して、下段は大きい石で、上段は小さい横長の石で布積し、天端《てんば》の鬘石《かつらいし》は水平に揃えていた。文禄・慶長の頃の石垣と推定されている。

守山城の築城者や築城時期は明らかでないが、当初は田村庄司の居城として築城されたものと推定されている。

応永三年（一三九六）関東公方足利氏満の小山氏の討伐があり、小山義政の子若犬丸が田村庄に逃げ込んで来たため、守山城を中心とした合戦となり、田村庄司は、関東公方の軍に攻められ、敗退して没落したといわれる。

その後平姓田村氏が台頭して守山城に入り、永正元年（一五〇四）本拠を三春に移すが、守山城には、一族を置いていたと思われる。田村清顕没後伊達政宗が領有し、白石宗実、次いで片倉景綱を支城主に配置した。

天正十九年（一五九一）蒲生領となり、蒲生氏も支城主を置いて支配した。次いで上杉氏の時代も支城として利用したが、再び蒲生氏となると、しばらく支城主を置いて、元和の一国一城令により廃城となった。

平成二十二年の守山城の発掘調査で、直径約二〇メートルの古墳が発見され、守山城三の丸一号墳と名付けられた。円墳で、円の三分の一ほどしか確認できなかったが、六世紀の後半頃に築造されたもので、埋葬方法は横穴式であった。

徳一彫成の観音像を持つ姉屋観音堂

郡山市の東端、国道四九号線沿いの田村町田母神集落から左に折れ、小野町の方向に進むとほどなく柿屋集落がある。その集落の中ほどの道路沿いに姉屋観音堂がある。

大同二年（八〇七）坂上田村麻呂が東夷征伐の際、この辺り一帯は葦が生い茂り、賊徒がその中に潜伏して田村麻呂の軍の行手を遮《さえぎ》ったため、田村麻呂の軍勢は苦戦し、味方の人馬の殺傷が甚だしくその戦死者の霊を祀ったのが姉屋観音堂だと伝えられている。

堂に安置されている観音像は、像高七センチの立像で徳一大師の作といわれる。大師は楠の原木を三つに伐り、その元（木の根元側のこと）で作ったものを姉屋観音堂に安置し、中のものは小野町の東堂山観音堂に、末《すえ》で作ったものは大滝根山の山麓にある入水観音堂に安置したという。

姉屋観音堂

姉屋観音は、古くから霊験あらたかな観音様として地域の人々の信仰を集めており、現在の御堂は、延享年間（一七四四〜一七四八）この地方の信者の献木により改築されたものと伝えられている。

毎年五月三日には、観音様の祭りが行われる。

大供《おおとも》の三十三所観音

国道四九号線沿いにある守山小学校の西側の道路を東に向かって進み、大供の集落の南端で右に曲がり、農道を一〇〇メートルほど進むと黒石川の岸辺に出る。その右岸は、高さ七メートルの断崖が一〇〇メートルにわたって連なり、この岩壁に三十三所観音磨崖仏がある。しかし現在は、道の両側に林立する杉林の湿気などにより黒ずみ、見えにくくなっているのは残念である。

磨崖三十三所観音

大供三十三所観音の由来については『田村郡郷土誌』は「安永二年（一七七三）大供村に悪疫が流行し、村人が多数死亡した。そこで村の有力者である熊田宗右衛門、藤田友右衛門、藤田亦右衛門らが相談し、西国三十三所観音像を岩壁に刻み、死者の冥福と村人の健康を祈願した。この時奉行六崎丞助も賛成し、第一番札所に当る如意輪観音を寄付した。また付近の有力者もそれぞれ観音像を寄付した。毎年旧暦三月十七日を縁日とし、三十三所観音前で花見の宴を開いた」と書いている。

崖を伝って五メートルほど上がると、高さ二一六センチの箱型の「三十三所観音造立記念磨岩碑」が立っており、碑面に「造立西国卅三観音供養　安永三年卯月十七日　導師観音寺現住法印宥全　世話人藤田友右ヱ門　藤田亦右ヱ門」とあり、『田村郡郷土誌』の記事を裏付けている。

三十三所観音像は、崖下を通る農道の上方の崖に西国三十三所観音の札所順に並べられている。第一番札所の那智山青岸渡寺の本尊の如意輪観音から始まり、「壺坂霊験記」で知られる第六番札所の壺坂寺の本尊千手観音、紫式部の石山寺詣で知られる第十三番札所の石山寺の如意輪観音、三井寺の晩鐘で知られる第十四番の園城寺の如意輪観音、懸造《かけづくり》として有名な京都清水寺の千手観音というように、世に知られた西国三十三所札所の本尊の観音様が彫成され、並んでいる。

どの像にも造立年代は彫られてないが、その記念碑の文面から見て、応永三年中にはすべて完成されたものと思われる。

観音像の内訳は、千手観音一五体、如意輪観音六体、十一面観音六体、聖観音三体・准抵《じゅんてい》観音・不空絹索観音・馬頭観音それぞれ一体の三三観音となっている。そして観音像の合間や最後の方に、番外として薬師如来像や阿弥陀如来像がある。

磨崖仏の側を流れる黒石川の清流

仏像はいずれも半肉彫で、それぞれ舟型・円頂型・山型いずれかの光背を負い、宝冠を冠《かぶ》り、蓮華座となっている。像高は六〇センチから七〇センチまでで、立像・座像・半《はん》跏思惟《かしい》像の姿を取っている。

観音像には、例えば「一ばんせいがんとじなち山　六崎氏女」や「二十二番大供村藤田重右衛門」のように施主名が彫られているのが半数以上を占めている。

霊場巡礼は、平安時代の頃、密教系の僧侶が修行の方法として、観音が祀られている霊場寺院を遍歴することから始まり、一般人の巡礼は、室町時代に入ってからで、西国三十三所観音巡礼はその中で最も古いといわれる。

三十三という数は、観世音菩薩が三三の化身となって現われ、あまねく衆生を救うという『法華経』の「観世音菩薩普門品」に説くところによる。

西国三十三所観音霊場は、熊野那智の青岸渡寺から始まり、畿内全域のほぼ千数百キロメートルに及ぶ広大な地域であるため、地方からの巡礼は困難であるとして、せめて西国三十三観音を身近に造立し、その霊験にあやかりたいとの思いから、このように西国三十三所観音像を祀ったものと思われる。

郡山市中田町地区

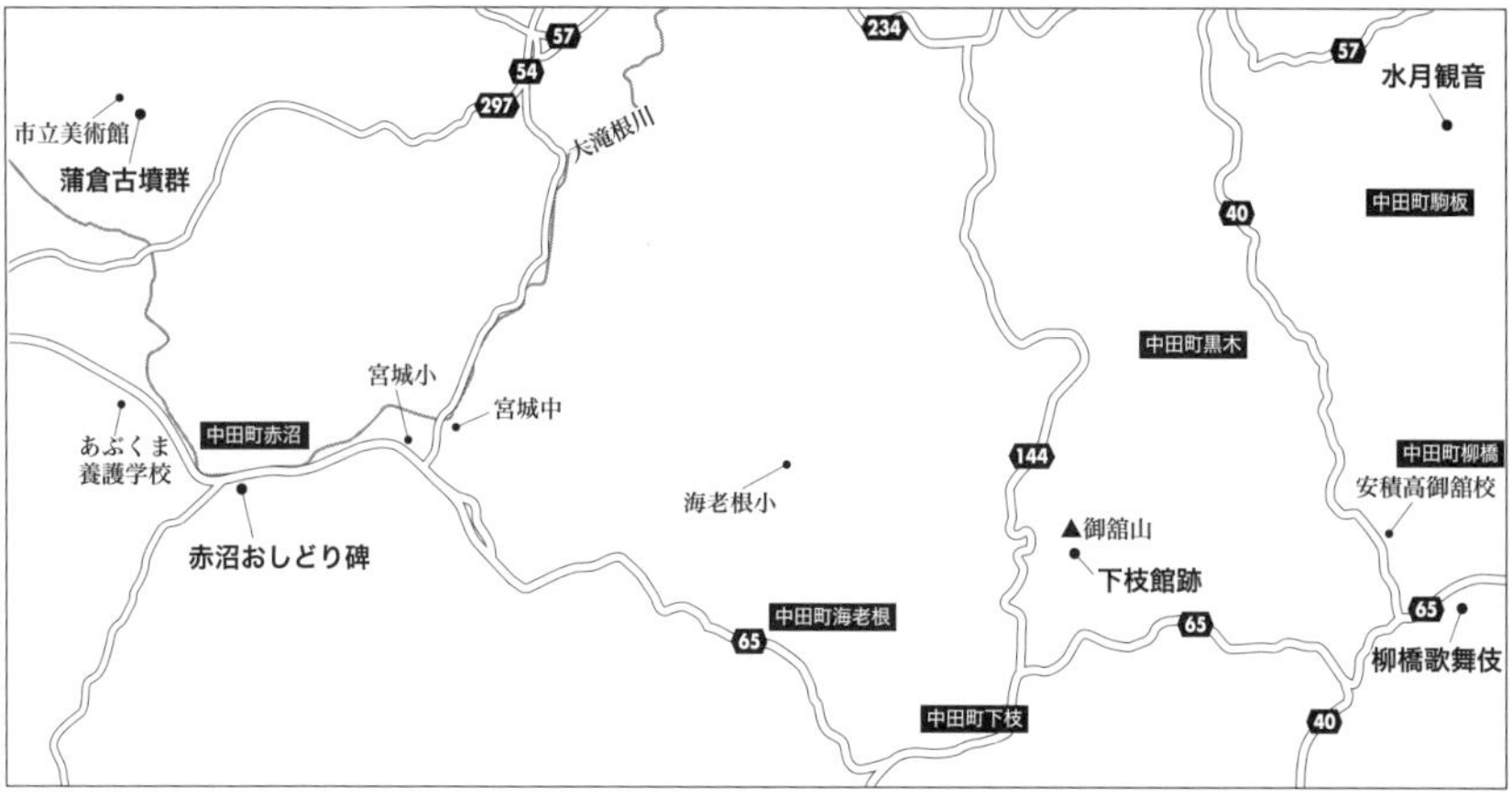

57
234
57
水月観音
54
297
市立美術館
蒲倉古墳群
大滝根川
40
中田町駒板
中田町黒木
宮城小
宮城中
あぶくま
養護学校
中田町赤沼
中田町柳橋
安積高御舘校
144
海老根小
▲御舘山
赤沼おしどり碑
下枝館跡
65
65
柳橋歌舞伎
中田町海老根
65
中田町下枝
40

蒲倉《かばくら》古墳群

蒲倉古墳群は、郡山市立美術館の北側と東側の丘陵の林の中にある。古墳時代後期（七世紀）に造られた古墳群で、すべて直径一〇メートル前後、或いはそれ以下の小円墳だけで構成されている。現在六六基が確認されている。

埋葬施設が確認できたものは、すべて横穴式石室であった。丘陵の斜面に築かれ、墳丘は石室の上部を土がわずかに覆う程度のものであった。石室はすべて南ないし南西に開口し、石室奥には一枚石を立て、両側壁は板石を小口積みしていた。石室の規模は小さいが、出入口を塞いだ石を取り除けば何度も使用でき、複数人物が埋葬できるようになっていた。

これまで一二基について本格調査が行われ、石室から被葬者の歯や骨片、鉄製の鏃、小刀などが出土したが、玉類などの副飾品は出土しなかった。また墳丘回りの周溝から土器の細片が出土した。

発掘調査の過程で、古墳の盛り土の下に火山灰が堆積していたが、六世紀中頃に噴火した群馬県榛名山のものであることが判った。

赤沼のおしどり伝説

小野町に向かう主要地方道六五号小野・郡山線の赤沼字杉並の道路の右側に、おしどりの碑と呼ばれる古碑が二基立っている（二つの碑とも表面が摩耗し、内容は読み取れない）。

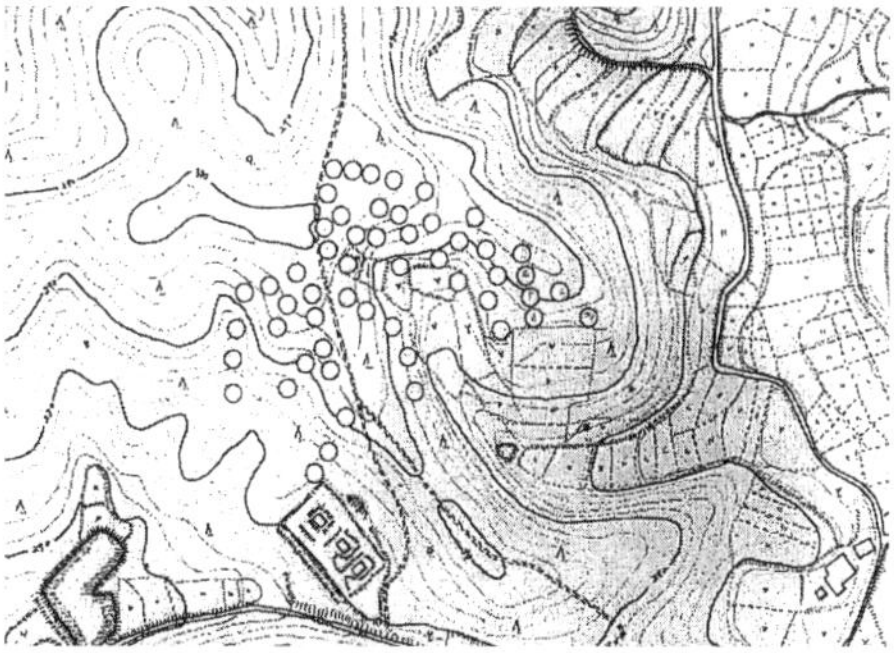

蒲倉古墳群分布図（『郡山市史１』）

５号墳の横穴式石室（『郡山市史３』）

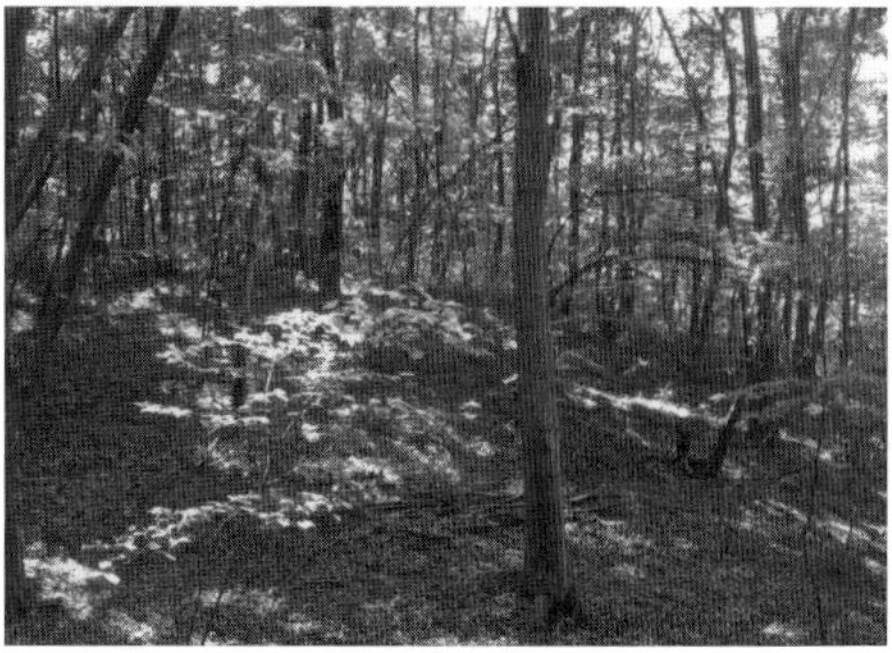

この森の奥に蒲倉古墳群がある

この碑の東南の水田一帯が昔の赤沼跡だといわれる。赤沼の由来は、坂上田村麻呂が奥州の蝦夷征伐の折ここを通り、このほとりで夜が明けたため、明沼《あけぬま》と呼ばれ、後に赤沼になったといわれる。

阿武隈高地の西麓では、水が乏しいため、谷地の頭部は必ずといっていいほど沼となっており、赤沼もこうした沼の一つであったと思われる。

この碑にいうおしどりの伝説は、実際にあった話を集めて編纂したという鎌倉時代の説話集『古今著聞集』に載っているが、ここでは地元の伝承により紹介する。

昔、この赤沼の赤沼館に右馬充《うまのじょう》という殿様がいた。

ある日狩りに出たが、その日はさっぱり獲物がなく、がっかりして帰ろうと赤沼のほとりに来ると、おしどりの番《つが》いがいるのを見つけた。殿様は家来の止めるのもかまわず、矢を射て雄鳥を殺してしまった。館に帰ると、それを料理させ、その晩は飲めや歌えの酒宴となった。

おしどりの碑は説明板の右手にある

夜更けて家来達は帰り、殿様は寝所に入って眠りについた。殿様は夜中にうなされて夢を見ると、夢の中に美しい女の人が現れ「あなたは永年連れ添ってきた私の夫を殺してしまった。私は悲しくて死ぬより他はありません」と泣きながら訴える声にはっとして目がさめ、起きて燈火を明るくして枕元を見ると短冊がおいてあり

日くるればさそひしものを赤沼の
　まこもがくれのひとり寝ぞうき

の歌が書かれていた。そして朝になり、おしどりの雌が自分のくちばしで胸を突いて死んでいるのが見つかった。これを見て殿様は罪なことをしたともとどりを切って出家し、館を出て行方知れずになってしまった。

この話の中で、殿様は赤沼館の右馬充となっているが、明治三十七年（一九〇四）編纂の『田村郡郷土誌』では田村氏の臣赤沼弾正四代の孫赤沼右馬充であるとしている。また赤沼館跡は今も赤沼に残されており、同郷土誌では「築館跡　宮城村大字赤沼にあり、田村氏の臣赤沼弾

正の居館にして、大永年間（一五二一〜一五二八）に築きしものなり」と書いている。

下枝館跡

下枝館（上館）は、標高五二四メートルの御館山の山頂に築城されている。主郭のほか近くに下枝脇館（下館）もあった。中心となる曲輪群の西側は切り取った崖、東側は三本の尾根が延び、その上に段々に平場が設けられていた。『三春領古城絵図』によれば、下枝館は「根回り七〇〇間（約一二七四メートル）高さ二〇間（約三六・四メートル）山頂平場一三間余（約二三メートル）南北一〇間余（約一八・二メートル）北は断崖　西は山続きを空壕で区切り　南麓に在家あり　頂上水無し」と記されている。

下枝館は、田村氏の一族下枝氏により築城されたが、天文年間（一五三二〜一五五五）田村氏に反抗したため追われ、田村氏の重臣橋本刑部が館主に配置されたといわれる。

御館山の山頂一帯に築かれた下枝館跡

下枝館は、田村家没落後廃城となり、橋本一族は、伊達氏に身を寄せたり、万治三年（一六六〇）に田村家が奥州一関藩三万石に再興されると、それを頼った人々もいたといわれる。

駒板の水月観音

中田町駒板字長の観泉山常林寺の境内に水月観音堂がある。堂内に木造観音菩薩半跏像と脇侍の如意輪観音像が安置されている。

観音菩薩像は、昭和四十年屋根の葺替えの時偶然発見され、専門家の調査で優れた観音像と判り、ただちに県重要文化財に指定された。

木造観音菩薩半跏像
（中田町駒板常林寺　県重文・『郡山市史８』）

観音像は、高さ九二センチ。高く結んだ宝髻《ほうけい》（髷《まげ》）、円満な、やすらかでいて意志の強い顔、うつむきかげんで伏目がちの静かに澄んだ玉眼入りの目、衣装の襞《ひだ》の流れの彫刻も細やかで中国の宋時代風の印象を残している。

こうして台座に座り、水面に映った月を見詰めるような優雅な姿から、水月観音と呼ばれ崇敬されてきた。

文禄十三年（一七〇〇）と享保二年（一七一七）に修理が加えられた跡があり、この時台座と光背が変えられたり、手首が上下反対に取り付けられてしまったといわれる。

観音堂内には、馬絵四点・鷹絵・高砂・竹に菊の七点の古絵馬（享保以前のもの）が納められている。

馬絵は、田村地方が古くから馬産地であることから、信者がよい馬を授かり、仔馬が丈夫に成長することを願って奉納したもので、一枚目に一匹の両手綱の馬が描かれ、次に二匹の馬、三枚目は数匹の馬になり、四枚目は母子馬の絵が描かれている。

水月観音堂

水月観音は、田村三十三観音第二十四番札所となっていた。

今も演じられる柳橋歌舞伎

阿武隈山系の山懐《やまふところ》に包まれた郡山市中田町柳橋に、柳橋歌舞伎と呼ばれる地芝居がある。柳橋は、中田町のほぼ中心部に位置し、黒石山を源流として地区内を西流する黒石川流域に開けた集落で、郵便局・商店・旅館もあり、この地方の中核的町の役割を担ってきた。柳橋歌舞伎は、毎年九月十五日の菅布禰《すがふね》神社の祭礼に奉納されてきたが、その間幾多の困難を克服して、地区住民の努力により江戸末期以来百年以上も演じ続けられてきた。柳橋歌舞伎の歴史を、柳橋歌舞伎保存会が発行した『柳橋歌舞伎のうつりかわり』により紹介する。

柳橋の芝居の沿革は維新前である。柳橋は天領であって、徳川直轄の支配地であったため、納税は僅かな金納であったので無理な働きもしないのんびりした生活であったから、自然と何か遊ぶ事を考えたのが芝居であったようです。当時、下の内、町、大古山、宮の脇、小中里、篠坂、久根込、前の宮、高谷などの集落毎に地芝居を行い、親類縁者を招いて赤飯とドブロクを振る舞い、唯一の娯楽として楽しまれた。明治時代になると、興行も取締りが厳しくなり、それに集落内にも欠員が出るようになり、結局は大字でやっと組ができるようになったのだが、今度は振付（芝居を教える人）と義太夫の語る人もなくなり、明治二十年（一八八七）頃から地芝居の興行ができなくなりました。ようやく大正五年（一九一六）から当地には、振付中村元五郎（宗像徳衛門氏）竹本美根太夫（古川稲吉氏）を中心にポツポツ復興したが、その方々が物故後一時停滞しました。しかし、昭和六年に至り、師匠尾上幸三郎氏（白河八十一歳を振付に招き、又、竹本藤太夫（木目沢・藤宮源太郎・故人）を依頼し、宗像平吉氏（中村屋旅館・故人）宗像亀佐氏（郵便局長・中田村長・故人）宗像武男氏（郵便局長代理・故人）の諸氏が中心となり復興し、名称を柳橋歌舞伎研究会として発足しました。その後毎年当地鎮守菅布禰神社祭礼に奉納公演をしておりました。また以後近郷から招かれ上演しておりましたが、関係者が物故し、特にチョボ（義太夫）がなくなり、昭和三十年以来公演できず、只文献による研究を続けておりました。幸い飯坂の義太夫愛好会会長菅野金作さんの協力により昭和四十五年秋の例祭に奉納公演することができ、その後連年上演しておりました。しかし、関係者の物故が相次ぎ、また、後継者の関係もあって七～八年の間休演しましたが、地域よりほうはいとして復興が叫ばれ、昭和五十五年より義太夫はテープにより復活して、毎年、柳橋菅布禰神社秋季大祭に奉納上演することとなっております。昭和五十五年地区内の御賛同を得、柳橋歌舞伎保存会が結成され、昭和五十八年三月三十一日『郡山市重要無形文化財指定』を受けました。

現在柳橋歌舞伎の演目は、次の一五が保存されている。
絵本太平記十段目（歌舞伎ではこれを〈太十《だいじゅう》〉と呼ぶ）
奥州安達原
　　　　　傔仗舘袖萩祭文の段
　　　　　文治舘住家の場
一の谷嫩《ふたば》軍記
　　　　　陣門・須磨浦組討ちの場
　　　　　熊谷陣屋の場
　　　　　菟原野里《あばらや》の場
神霊矢口の渡（お舟・頓兵衛）
鎌倉三代記・絹川村閑居
先代萩の床下
先代萩の対決刃傷
壺坂霊験記お里沢市

舞台風景

義経千本桜鳥居前
忠臣蔵判官切腹
　　鉄砲渡し・二つ玉

歌舞伎の公演には、役者・黒子のほか、大道具・小道具・衣装・かつら・化粧道具などいくつもの準備と大勢の人手が必要とされるが、それを地域の人が一丸となって乗り越えてきた。郡山市は昭和五十八年に郡山市重要無形文化財に指定し、地区内にある黒石荘を三五〇人の収容人員を持つ柳橋歌舞伎伝承館に改装するとともに、衣装保管庫を設置するなど全面的支援を行っている。

衣装保管庫には、これも郡山市有形文化財となる歌舞伎衣装一七点が収納されている。この中には江戸時代の狂言師坂東三津江所用の歌舞伎衣装の模様形式を用いた、江戸時代後期の美術品的価値の高い、「海老茶繻子《えびちゃじゅし》地雲之湧花模様衣装」「浅葱《あさぎ》繻子地雲龍立浪《うんりゅうたつなみ》模様衣装」など貴重な衣装が含まれている。

柳橋には太々神楽・獅子舞・念仏踊りなど、多くの民俗芸能が残っており、古くは白鍬踊りも行われていた。

柳橋歌舞伎伝承館

柳橋歌舞伎衣装保管庫

郡山市西田町地区

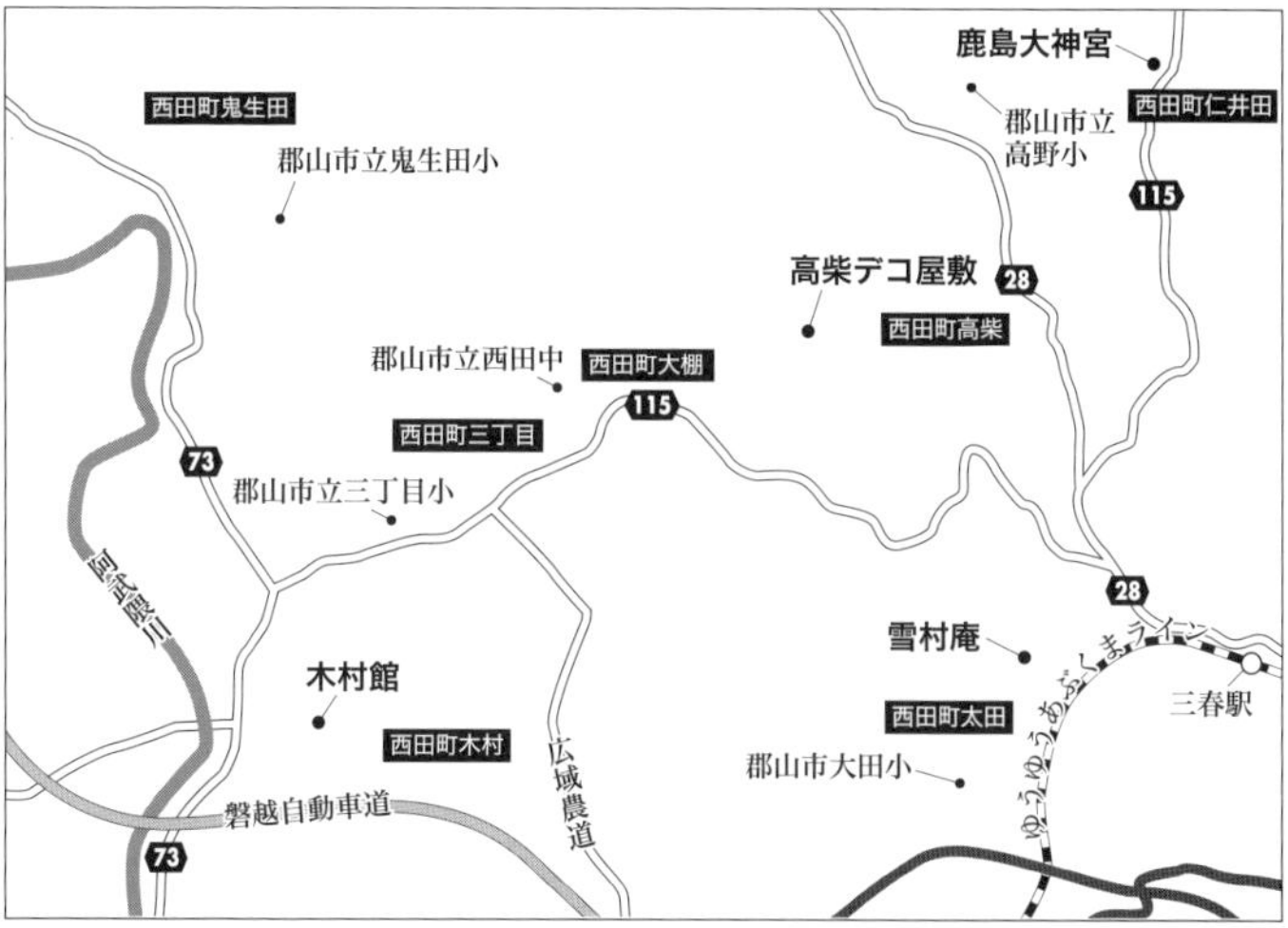

鹿島大神宮
西田町鬼生田
郡山市立
高野小
西田町仁井田
郡山市立鬼生田小
115
高柴デコ屋敷
28
西田町高柴
郡山市立西田中
西田町大棚
115
西田町三丁目
73
郡山市立三丁目小
阿武隈川
28
雪村庵
ゆうゆうあぶくまライン
三春駅
木村館
西田町太田
西田町木村
広域農道
郡山市大田小
磐越自動車道
73

大型住居跡を持つ曲木沢遺跡・城館遺跡を伴う馬場小路遺跡・登窯を持つ広網遺跡

曲木沢遺跡（西田町根木屋）は、阿武隈川右岸の標高二三五メートルから二四〇メートルの段丘上に立地する縄文時代早期から後期、平安時代までの集落跡である。

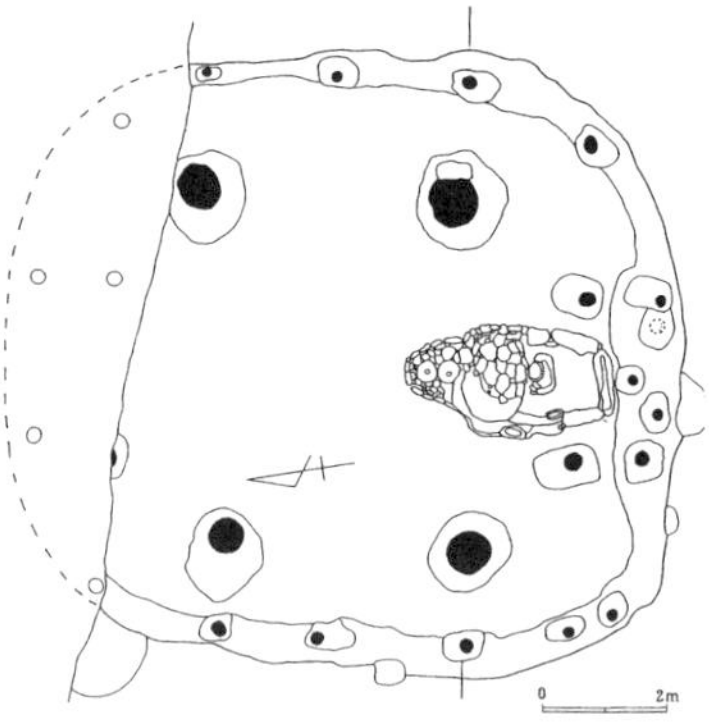

曲木沢遺跡出土の大型住居跡の平面図（『郡山・田村の歴史』〈郷土出版社〉より転載）

大型住居跡を持つ環状集落　曲木沢遺跡の全景写真（『郡山・田村の歴史』）

平成元年に発掘調査が実施され、縄文時代の竪穴住居跡三五棟（内訳縄文時代早期中葉一棟・前期前葉一一棟・後期後葉二三棟）・土坑一四〇基が出土した。

特に注目されるのは、同時代では日本最大の床面積を持つ大型住居跡である。この住居跡は、四角を基本に住居の隅が丸く作られ、一辺一〇メートルもある大型住居で、五五センチから七五センチの太さの四本の主柱と、壁際に直径二〇センチほどの支柱二〇本前後と炉脇や出入口付近にも柱列があった。また床面からは、これも日本最大と考えられる全長三・四メートル、幅一・八メートルの大型複式炉が検出された。

段丘上の平坦面中央部付近には住居はなく、東端に位置する大型住居を囲むように、主に縄文時代中期後葉の住居が弧状に配置され、その東側に土坑群があった。

これら住居跡からは壺や土偶が出土した。

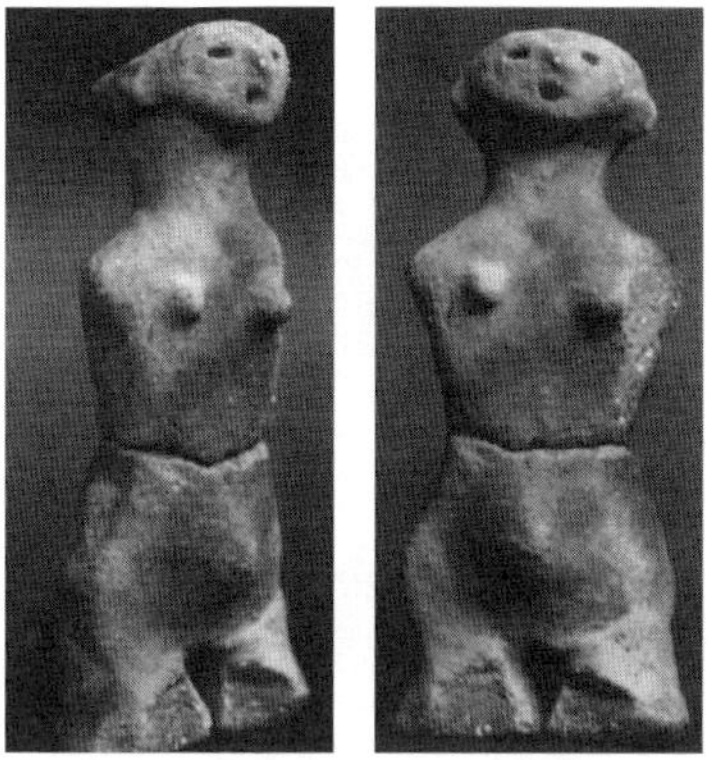
土偶（曲木沢遺跡・『郡山・田村の歴史』）

大型住居跡から出土した有孔鍔付土器
（『郡山・田村の歴史』）

馬場小路遺跡（西田町三丁目字馬場）は、阿武隈川とその支流の天神川が合流する低い段丘面に営まれた縄文後期初頭の遺跡である。この遺跡の北側には地続きで、田村庄司一族であった穴沢氏の代々の居城

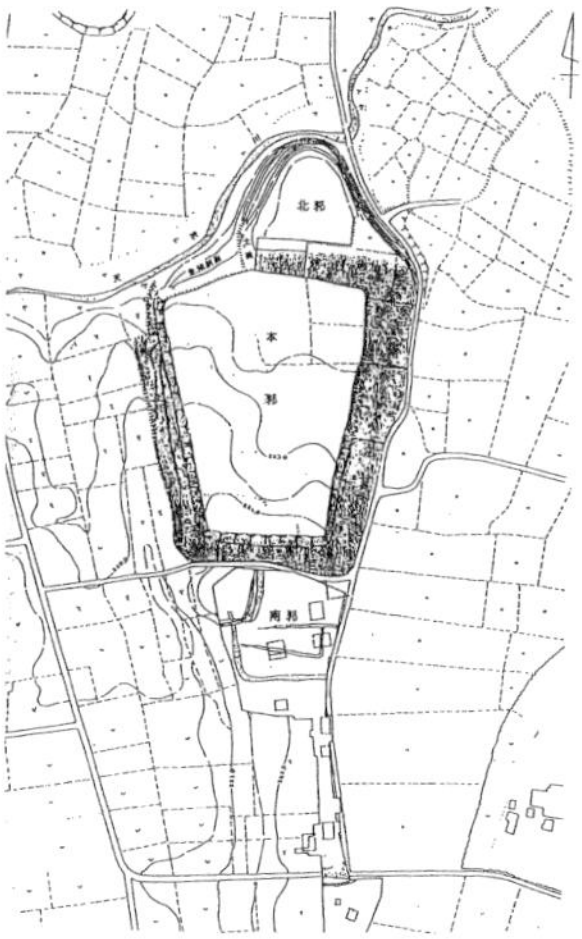

穴沢館概略図（郡山市教育委員会提供）

穴沢館があった。

穴沢館は、阿武隈川の氾濫原上の小丘と微高地に築かれた連郭式の平城で、広さは東西五〇メートル、南北七〇メートルあり、周囲の水田面との比高三メートルから五メートルの所に本郭があった。周囲は幅一〇メートルから一五メートルの堀が巡らされ、土塁は破壊されていて遺存していない。

最初は単郭とみられていたが、北側にも一つの郭があり、本郭とは土橋で結ばれていた。穴沢館の南側に馬場小路遺跡がある。昭和五十七年に発掘調査が行われ、掘立柱建物跡・一字一石経を埋納した経塚・瀬戸産灰釉陶器・中国産陶磁器が出土した。

馬場中路遺跡も昭和五十七年に同時調査され、土偶装飾付土器二個体と小児用（甕）棺二〇基が出土した。土偶装飾付土器は、大型の深鉢に人体の模様を装飾的に張り付けたもので、この土器も小児の遺骸を納めた埋甕に使われたものと思われる。小児用棺は、阿武隈川に面した段丘面にあり、棺の埋め方は、口を上向きに寝かせたものが多かったが、直立したものもあった。

またこの遺跡から、敷石住居跡一棟が見つかった。住居の周囲から墓標と見られる数か所の石組みが発見されただけで、住居跡はこの一棟しか見つからなかった。この住居は床に河原石を敷き並べたもので、葬送などに使用した、特別の建物であったと思われる。

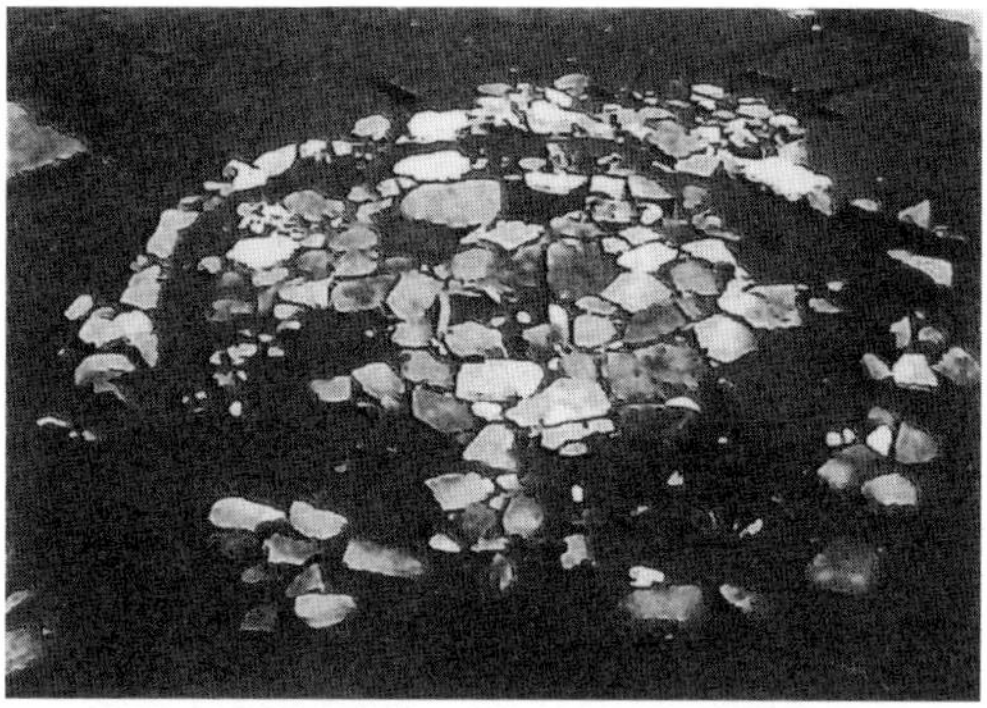
縄文後期の敷石住居跡（馬場中路遺跡・『郡山の歴史』H26, P4）

小型の土偶装飾付土器（馬場中路遺跡・『郡山・田村の歴史』）

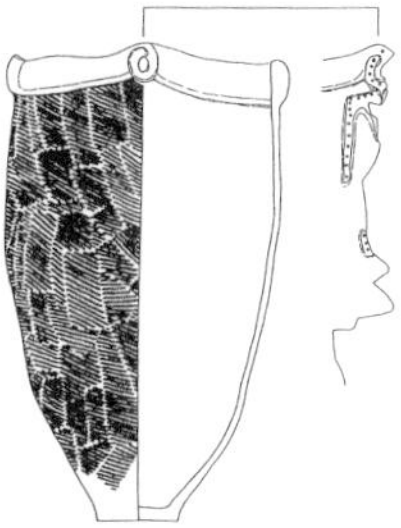
土偶装飾付土器（馬場小路遺跡・『郡山・田村の歴史』）

石を焼いて変色させた墓標（『ふくしまの遺跡』）

町B遺跡（西田町鬼生田字町）は、馬場小路遺跡から南に三〇〇メートルほど離れた、鬼生田橋のたもとにある遺跡で、縄文時代早期から戦国時代にかけての集落跡である。

長い年月の間に、集落は幾多の盛衰を繰り返した様子で、それぞれの時期の住居跡や多数の遺物が残されていた。なかでも注目されるのは土偶と子どもの遺骸を納めた埋甕の多さである。

遺物としては、酒を注ぐ注口土器や漁に使う錘《おもり》が見つかっている。

広綱遺跡（西田町鬼生田）は、阿武隈川右岸の丘陵上（水田からの比高一〇〜二〇メートル）に立地する奈良時代後半から平安時代までの集落跡である。

昭和五十九年の発掘調査で、竪穴住居跡六一棟・掘立柱建物跡六棟・土坑四二基・須恵器を焼くための登窯跡三基・土師器を焼くための小型平窯跡三〇基が検出され、さらに土器を製作

町B遺跡出土の土偶（『ふくしまの遺跡』）

した工房跡も見つかったことから、土器を生産した集落であることが判明した。

登窯は傾斜一五から二〇度の登窯で、一号窯は全長三八〇センチ・焼成部幅七五センチ・焼成回数二回と推定、二号窯は全長四一五センチ・焼成部幅一一〇センチ・焼成回数二回、三号窯は全長二六〇センチ・焼成部幅七〇センチ・焼成回数一回とみられる。各窯とも遺物は須恵器坏と甕の破片が少量残されていた。

広綱遺跡平窯

広綱遺跡登窯

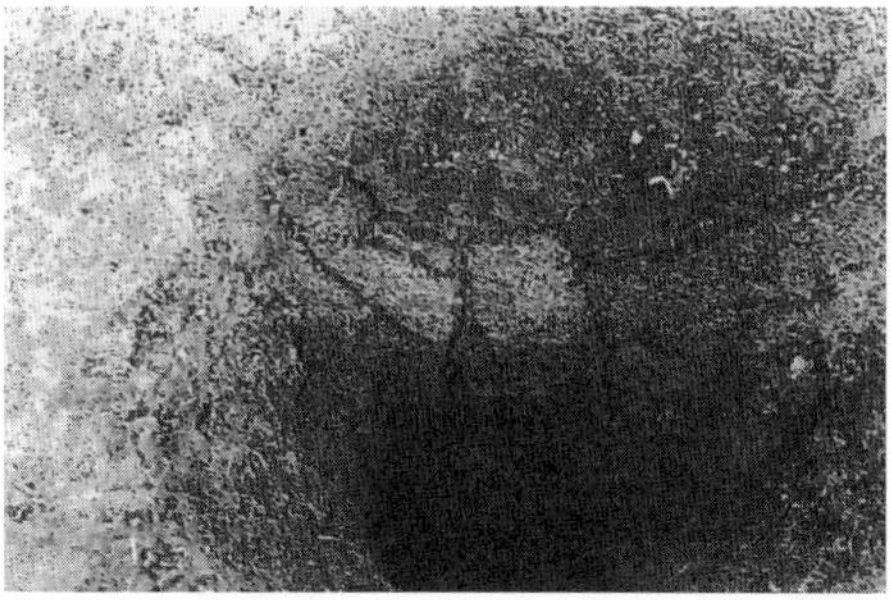
ロクロを差し込んだ穴（広綱遺跡・３点とも『郡山・田村の歴史』）

土師器を焼いた平窯は、傾斜の少ない所に構築され、長方形に掘り込まれていた。
全長二〇〇センチ前後、幅一三〇センチ前後の大型のものと、全長一〇〇センチ前後、幅七〇センチ前後の小型のものとがあった。

土器製作の工房は、四棟見つかっており、いずれも床面に、断面がロート状を呈したピットを持っており、土器を製作したロクロの軸木穴と考えられている。また土器を作るための粘土の大きな塊が残っている住居もあった。

奈良時代後半に、土器生産のため、集落が形成され、約一〇〇年間ほど稼働した後、どこかに移動していったものとみられる。

八脚門建物を持ち、石造虎口のある木村館跡

木村館跡は、阿武隈川の小和滝から東に一・二キロメートルほど入った、西田町木村の集落の背後の丘陵上に築かれた戦国時代末期の平山城跡である。

城域は、丘陵面を削平したもので、東西四〇〇メートル、南北五〇〇メートルと広く、標高三四三メートルにある主郭は、周囲の水田面からの比高は八〇メートルある。

木村館本郭跡　正面は木村神社

磐越自動車道の路線になったため、平成二年、三年と二か年にわたり発掘調査が行われ、調査区内から、折《き》（曲がりくねった）を持つ堀・土塁・石垣・石積みを伴う枡形虎口・八本の柱で支えられた二階建の建物跡が検出された。枡形虎口は、その精巧さから織田豊臣時代の築城技術をもって築造されたと考えられている。

木村館は、『木村村誌』などによれば、木村、根木屋、芹沢地方を治めた国人領主木村越中守が居城したが、天文十一年（一五八三）田村清顕により攻め滅ぼされた。この時城主の娘つる姫は阿武隈川に入水したので、この所をつるこ渕又は七日渕と呼んだという伝承がある。

木村館は、木村氏滅亡後、田村氏の持城となり、清顕没後は、伊達政宗の命により、田村月斎、橋本刑部が木村を治め、木村館には橋本刑部が居城したという。城は、この時伊達・田村連合軍の対葦名氏への戦略上の拠点として大規模な改修が行われたといわれる。

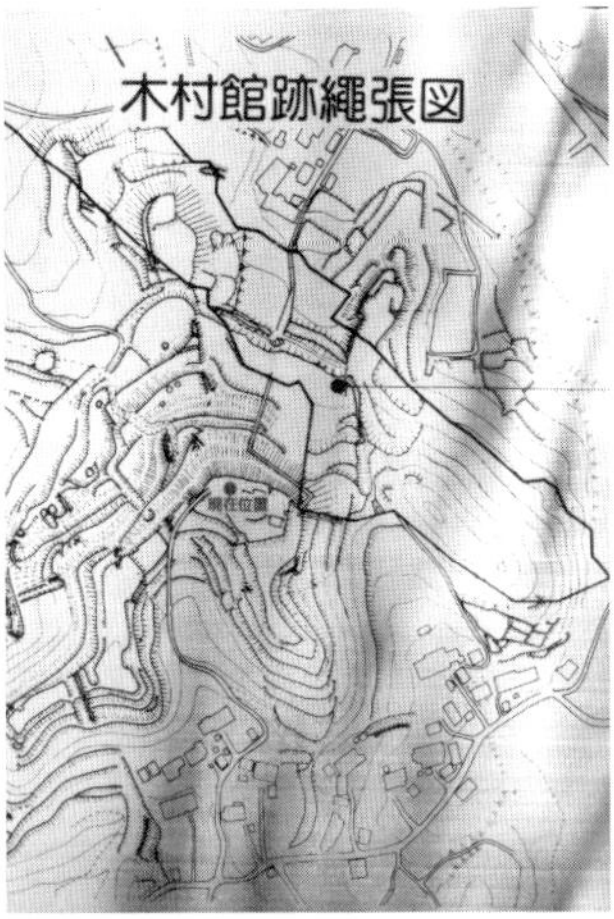

木村館跡縄張図

政宗は、豊臣秀吉に服属後の天正十八年（一五九〇）、大崎・葛西一揆へ荷担したとの嫌疑を払拭するため、領内の多くの城館を破壊するが、木村館もこの時破壊されたと考えられる。

現在、城跡は小舘山公園として整備され、本郭跡には、木村の鎮守であった木村神社が建っている。境内には、木村甚句で歌われたという三葉《みつば》の松（三本の松葉を持つ松朝鮮白松が原種といわれる）が生育している。

雪村庵と観音菩薩像

郡山市西田町雪村にある雪村庵は、室町時代末期の画僧雪村周継《しゅうけい》が晩年隠棲生活を送った所である。

雪村庵は、間口七・二メートル、奥行四・五メートルのぬれ縁付きの木造茅葺（現在はトタン葺）の家で、庵の中に二部屋ある。その一つに鎌倉後期の乗円作の観音菩薩（正確には大日如来像）が安置されていた。像高四五・八センチの小さな像だが、その繊細な作りはすばらしい。しかし、残念なことに、盗難にあい、所在が分からなくなっている。

雪村庵

雪村は常陸国部垂に生まれたといわれる。

茨城県常陸太田市教育委員会が編纂した『太田郷土読本』によると雪村について次のように書いている。

　雪村は周継といい、俗名を平蔵と称した。常陸の豪族として権勢を誇った佐竹氏の一族で部垂郷《へたれごう》（現在の茨城県常陸大宮市）に生まれ、家督を継ぐべきであったが、弟に譲り出家した。
　雪村は禅僧としての修行のかたわら、幼少から好んで画筆に親しみ、諸々の寺を廻っては、寺の所蔵する絵を見て、ひたすら精進を重ねた。雪村は宋元流の漢画の先達如拙《にょせつ》や周文《しゅうぶん》の筆跡を好んで学び、のちに独特の風格を持ち、雪舟とともに日本画壇の巨匠と称された。
　雪村は修行中、太田の城下に来ては、泣いている子供に腰の矢立を抜いて絵を描き与えたり、修行の手すさびに、

木造大日如来坐像（乗円作　雪村庵・『郡山市史８』）

一元紹碩筆「雪村庵」（三春町民俗資料館提供）

百馬図　雪村筆（茨城県鹿島神宮所蔵）

竹で骨を削り地紙を貼った団扇《うちわ》を作り、不二山・鷺・なす・馬・びわなどの絵を描いて「雪村団扇」と名付け、太田の人々に売り歩いたといわれる。

天文年間（一五三二〜一五五五）会津に入り、会津城主葦名氏の知遇を得て、金剛寺が所蔵する「瀟湘八景図屏風」など多くの作品を残した。この間北条氏政の支配する小田原に行き、早雲寺開山以天宗譚《いてんそうたん》の肖像画を描いた。再び会津に戻り、葦名盛氏の隠居城岩崎城下に住んだ。この頃「鶴船」と号したが、これは鶴沼川の鶴と雪舟の舟からとったといわれる。

その後三春に来て福聚寺（三春町御免町）に寄寓し、七〇歳の頃雪村庵に隠棲し、天正十七年（一五八九）八六歳で没した。

約百年後の明暦四年（一六五八）雪村の菩提寺高乾院住職一元紹碩《いちげんしょうせき》が三春藩主秋田盛季に請

い、荒廃した雪村屋敷を再興、桜梅山観音寺と称した。雪村庵の部屋の壁の上に一元紹碩が書いた「雪村庵」の三字を横に凹刻した板額がかけてある。額の裏面に「奥州田村郡三春庄李田《すもだ》村桜梅山観音寺雪村庵由緒」が書かれている。内容は「八十余年前雪村という僧がいた。生来絵がうまく、このところどころに小院をつくり観音像を安置して絵を描いていたと聞き、私が来てみたところ荒れているのに驚き、時の三春藩主秋田侯に申し上げ、再建いたし、山号を桜梅山とし雪村庵と名付けた」と書いている。

庵には、現在でも山号にちなむ樹齢数百年の七重のベニシダレザクラと老梅があり、雪村桜・雪村梅と呼ばれている。庵の裏の竹林には大きな自然石の墓があり、雪村の墓と伝えられている。

三春駒と三春人形

三春駒の由来については、高柴のデコ屋敷に残されている木版に「延暦十四年（七九五）坂上田村麻呂が大多鬼根山に住む大多鬼丸の征伐に京都を出発する時に、清水寺の開祖延鎮が五体の仏像を刻んだ残りの材で鞍馬百匹を刻み、田村麻呂に持たせた。戦闘が開始されると官兵

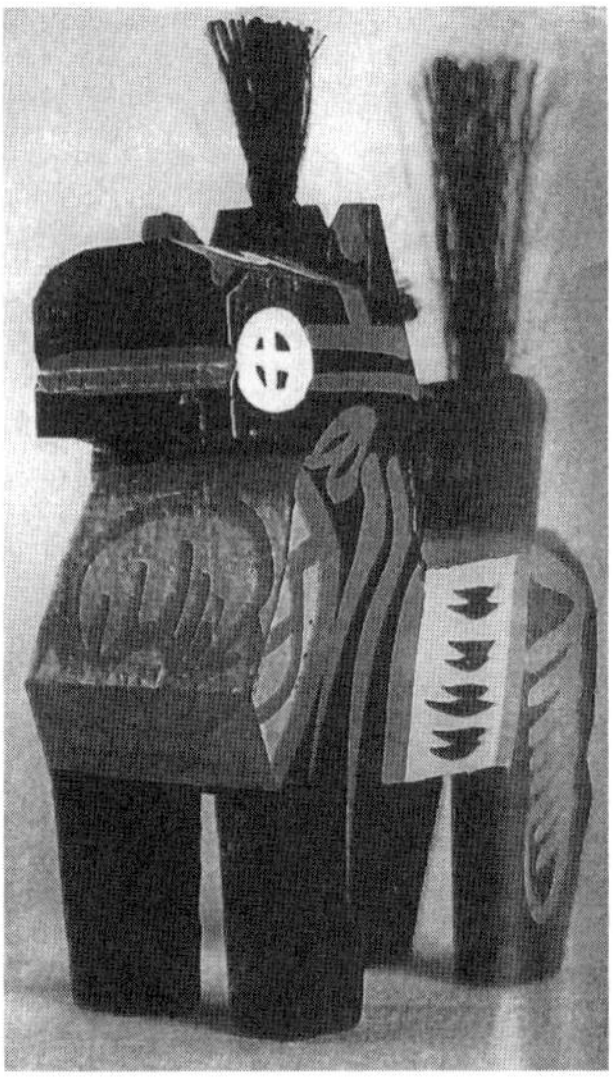
三春駒

は、京都よりの長旅に疲れ苦戦していたが、その時鞍馬百匹が現れ、兵達はそれに乗って戦ったので大多鬼丸を滅ぼすことが出来た。ところが戦いが終ると鞍馬百匹は行方がわからなくなってしまい、その内の一匹が高柴村で汗にまみれて発見された。高柴村の杵阿弥《きねあみ》がそれを真似て、九九匹を作り百匹にしたが、三年後にその一匹もいなくなってしまった。杵阿弥の子孫がこの馬を模作して作ったのが三春《みはる》木馬《きんま》だといわれる」と書いている。

三春駒は、このように「三春木馬」と呼ばれていたものを「三春駒」と呼び、今の型に定着させたのは高柴村の橋本広定といわれる。

三春駒の製作は、木材を帯鋸で原形に切り出し、のみを使って形を整え模様を描く。三春駒の前胸の花模様は、三春藩秋田家の家紋が牡丹に唐獅子であることから殿様の家紋にあやかり、牡丹を胸の花模様にしたといわれる。

三春駒の大きさは高さで表し、一寸五分（約四・五センチ）の小さいものから一尺（約三〇・

三センチ）までの一一種ある。

三春駒の製作は高柴村で始まり、戦前までは旧三春城下の町中にある工房や、下駄屋でも作られたといわれる。

戦後は生活の余裕のなさからか需要が停滞したため、高柴村の人々は、三春駒を風呂敷に包んで持ち運び、温泉場の売店に置き、製品を広めたといわれる。最近は民芸ブームに乗り、販路が広がっている。

現在郡山市中田町高柴となっている高柴村は、もと三春藩領で、阿武隈高地から張り出した丘陵西斜面にあり、地味はやせ農耕に適した土地が少なく、また紙の生産地も近かったので、三春駒のほか張子人形の製作にも励んだといわれる。

高柴集落は、人形の別名の木偶《でく》が訛《なま》り、デコ屋敷と呼ばれている。高柴デコ屋敷では、橋本姓の五軒の家—広吉（恵比須屋）・彦治《げんじ》（天狗屋）・文雄（分家恵比須屋）・正衛（本家

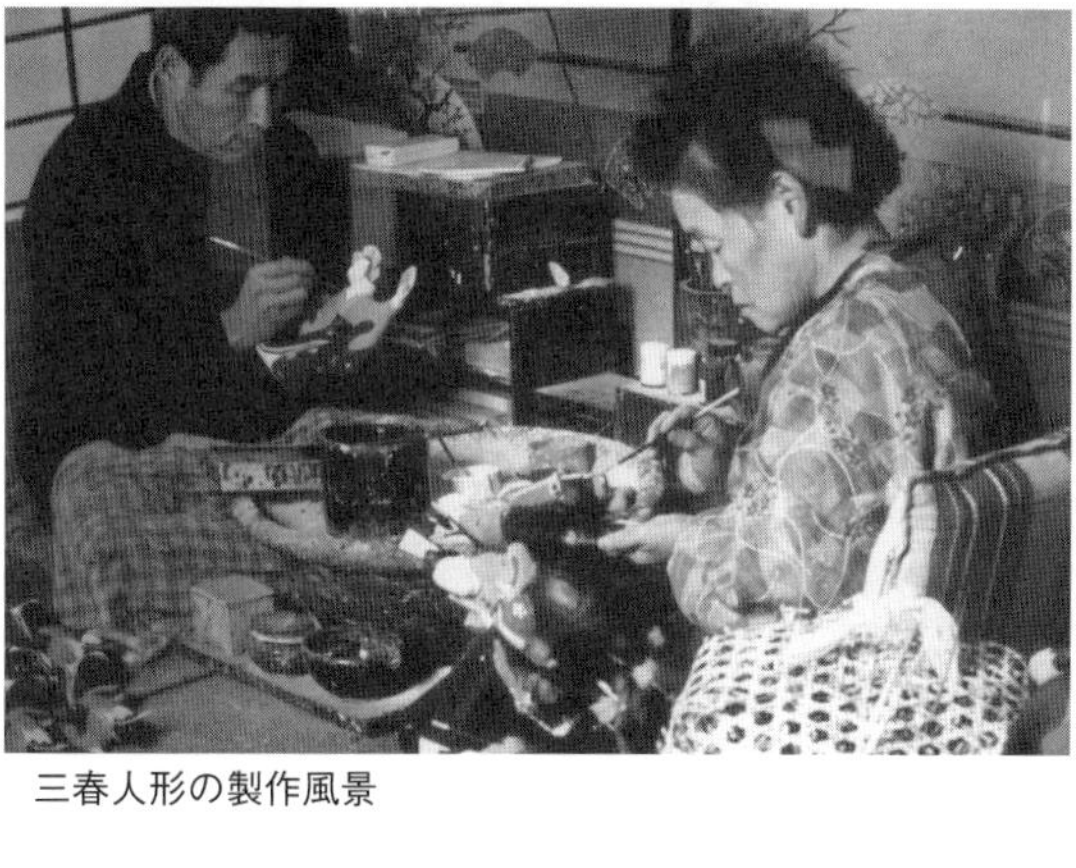

三春人形の製作風景

恵比須屋）・芳信（大黒屋）―が三春人形の伝統を受け継ぎ、三春人形を作っている。

三春人形といわれる張子人形の由来は明確でないが、三春藩主が江戸から人形師を招いて、歌舞伎の振りを作らせたのが始まりであるとの説が有力である。文化・文政の頃（一八〇四～一八四四）が三春人形づくりが最も栄えた時期と伝えられている。

羯鼓

ダルマ木型

金時木型

腰高虎木型

三春人形の製作は、木型に和紙を張り重ね、乾かしてから切れ目を付けて紙張子を木型から抜き取る、木型から取り出した張子は切れ目を張り合わせて形を作る、必要に応じて別に作った張子の部分を張り付けて形を整える。

形が出来上がると胡粉を塗る。鍋に膠《にかわ》を溶かし胡粉を入れて交《ま》ぜ、その具合を勘を頼りにして上塗りをする。少し経ってから紙の凹凸を平らにするように、さらに上塗りをする。塗り終ると、布で静かに軽く磨き、人形の下地が出来上がる。それに彩色をすると三春人形が出来上がるのである。

張子人形を作る木型は、付近に自生するヤマヤナギで作るが、デコ屋敷には今も数千点もの木型が保存されている。

伝統の俵牛・玉兎・首振り虎・天神・歌舞伎人形のほか、牛乗り天神・天狗・ダルマ・般《はん》若《にゃ》・七福神・おかめ・ひょっとこ・カラス天狗・狐・猿・牛・馬・虎などである。そのうち二八点は、昭和三十三年に県重要有形民俗文化財に指定されている。

高柴デコ屋敷で、三春駒と三春人形のどちらが先に作られたかは判らない。

鹿島大神宮のペグマタイト

高柴デコ屋敷に近い西田町丹伊田字宮作に、鹿島大神宮がある。

鹿島大神宮の祭神は建御雷之男神《たけみかづちのおのかみ》で、元応元年（七八一）安積連丸子部古作美《あさかむらじまるこべこさみ》が常陸国の鹿島神宮の分霊を勧請して、鹿峯山に創建したと伝える。神霊は神石二体であるといわれる。天文年中（一五三二〜一五五五）三春城主田村隆顕の三男顕成が丹伊田の領主になると、大神宮を崇拝し、その隆盛を図ったという。また天保二年（一八三一）に三春城主になった秋田俊季以来代々この神社を武人の神として崇敬したといわれる。

元和元年（一六一五）火災に遭い、神宝・古書類をことごとく焼失した。天和三年（一六八三）三春城主秋田謐季《みちすえ》により再建、神鏡と剣が奉納された。昔は鹿島大明神といったが、元治年間（一八六四〜一八六五）神祇庁の許可を受け、鹿島大神宮と称したといわれる。

境内に国指定天然記念物のペグマタイトの岩脈が白く露出している。露出面の延長は約四〇メートル、脈幅は一四メートルに及ぶ。地下一〇メートルまでこの巨石があると推定されている。

石英・アルカリ長石・雲母などの大きな結晶を一般にペグマタイトといい、結晶の大きさは

鹿島大神宮社殿とペグマタイト（左奥）

数センチから数十センチが普通だが、時には数メートルから数十メートル以上に及ぶこともある。

ペグマタイトは、石英とアルカリ長石を主体とすることが多く、造岩鉱物は、石英・アルカリ長石・白雲母・黒雲母・燐灰石・ざくろ石・電気石などである。そのほか希少元素のリチウム・セシウム・ルビジウム・ニオビウム・タンタル・ウラン・モリブデン・タングステン・錫石など一〇〇種類もの鉱石を含むことがある。

ペグマタイトは、西田町から安達郡白沢村（現本宮市）にかけての山地に多く、ここは石英・長石の産地として知られていたが、現在は殆ど掘り尽されている。

しかし、鹿島大神宮境内のペグマタイトは、鉱石量一万四千トンといわれる貴重なものである。

安積郡の村々の歩みと郡山市の成立

平安時代に編纂された『先代旧事本紀《せんだいくじほんき》』の中の「国造本紀《こくぞうほんき》」の記事によれば、成務天皇の御代、阿尺国造《あさかくにのみやつこ》として比止禰命《ひとねのみこと》が任命されたとある。この頃阿尺と並んで菊田・染羽《しねは》・浮田《うだ》・信夫《しのぶ》・白河・石背《いわせ》・石城《いわき》の国があり、それぞれその地域の豪族が国造に任命された。

国造の国は、大化改新による地方制度の改革により、評《こおり》に改められる。そして大宝二年（七〇二）には大宝律令により郡と改められた。郡の長官は大領、次官は少領と呼ばれ、引き続き郡内の有力豪族が任命された。

和銅六年（七一三）には、地名変更により阿尺郡は安積郡となる。この頃の安積郡の範囲は、現在の郡山市・田村市・田村郡・二本松市・本宮市・安達郡と考えられている。その後延喜六年（九〇六）に安達郡が分立した。十一世紀から十二世紀にかけては、荘園制の進展により、阿武隈川東岸の地域に田村荘が成立した。また小野郷は小野保となった。

文治五年（一一八九）奥州戦争により、平泉の藤原氏が滅亡すると、奥州地方は鎌倉幕府の管轄となり、県内の多くの荘園は、幕府の御家人に与えられた。安積地方は、伊豆地方の領主であった伊東祐長《すけなが》に与えられ、伊東氏の一族が片平を拠点として安積郡の大部分を治めた。

元弘三年（一三三三）後醍醐天皇の倒幕命令により、新田義貞・足利義詮《よしあきら》らに率いられた軍勢に攻められ、鎌倉が陥落し鎌倉幕府は滅亡する。安積郡内では、鎌倉方の領主は、佐々河城に籠城して戦うが、結城宗弘・伊達行朝・石川光隆らに攻撃され落城する。

「建武の中興」をなした後醍醐天皇は、多賀国府を開設し、北畠顕家を陸奥守に任じ、陸奥国を治めさせた。佐々河城攻撃に参加した県内領主たちも、結城宗弘・親朝、二階堂行朝・顕行、伊達行朝が式評定衆（最高議決機関）に、薩摩（伊東）刑部左衛門入道・掃部大夫入道が引付衆（訴訟を司る）、結城親朝が安積郡と田村荘の検断（軍事・警察を司る）に任じられた。

足利尊氏の反乱により、南北朝の争乱が始まると、掃部大夫入道の嫡男安積祐信《すけのぶ》は初め南党に属し、北畠顕家に従い西上するが、顕家の戦死後結城親朝が降参すると祐信も北党に転ずる。

正平七年＝観応三年（一三五二）陸奥介兼鎮守府将軍に任じられた北畠顕信は、田村荘司宗季、穴沢城主穴沢成季らの力を借り、奥羽の勢力挽回に尽すが実らず、翌年守永王《もりながおう》を奉じて宇津峯城に拠《よ》るが、吉良良家率いる北党軍に攻められ、宇津峯城は陥落し、奥羽における南北朝の争乱は終息する。

暦応元年（一三三八）南北朝の争乱が治まると、両朝が統一され、足利義満は京都に足利幕府を開いた。奥州においては、関東公方（管領）足利満兼は、応永六年（一三九九）従属関係を結んでいた伊東氏や二階堂氏の地を選んで、二人の弟を下向させ、笹川御所に満直、稲村御所に満貞を配置した。応永十一年（一四〇四）には、安積地方の領主二〇数家は、お互いに助け合い、両公方に忠節を尽すことを誓って作った一揆契約の連判状（「応永連署」と呼ぶ）を足利氏に提出した。

永享十年（一四三八）、関東公方に不満を持つ室町幕府は、関東公方足利持氏追討の命令を笹川公方とその下にある南奥諸家に命じたが、逆に畠山・石橋・伊東・葦名・田村・石川諸氏の大軍に攻められ、笹川公方満直は自刃してしまった。

また鎌倉に帰っていた稲村公方満貞は、この敗戦を知り、持氏とともに鎌倉永安寺で自刃してしまい、両御所は滅亡した。

こうして両御所は滅亡するが、この後南奥の大きな勢力は伊達氏と葦名氏に集約され、応永連署の諸家もどちらかに従属して戦国時代を戦っていった。

天文十一年（一五四二）伊達稙宗《たねむね》とその子晴宗との内紛は、「天文の乱」と呼ばれ、伊達氏一族ばかりでなく、南奥の諸氏を巻き込んで七年間に及ぶ争乱となった。天文十七年（一五八九）に稙宗と晴宗の和睦がなっても、各豪族間の抗争はやまず、南奥の地は、伊達政宗を中心とする田村隆顕、安積氏側と葦名盛氏を中心とする佐竹・白河・二階堂・畠山氏の二派に分かれ、覇権争いが繰り返された。なかでも「人取橋の合戦」と「郡山合戦」は後世に語り継がれるような大合戦であった。

天文十三年（一五八五）伊達政宗は、父輝宗が二本松城主畠山義継により非業の最期をとげたため、畠山氏を攻めようとすると、畠山氏を応援しようとする佐竹・岩城・石川・白川・二階堂・葦名氏の連合軍二万人が駆け付け、本宮の荒井・前田原・青田原で政宗軍の五〇〇〇人と激突した。その日は日没引き分けとなったが、その夜連合軍の主将佐竹義政が下男に殺害されたため連合軍は退《しりぞ》いていった。この戦いは「人取橋の合戦」と呼ばれている。政宗は翌天正十四年七月、二本松城を攻め落とし、畠山氏は滅亡した。

天正十六年（一五八八）郡山城をめぐって再び両軍が激突した。葦名の連合軍が、郡山太郎右衛門頼祐《よりすけ》が守る郡山城を攻めたため、山王館に陣を敷いた伊達政宗軍と赤木、桃見台に陣を敷いた連合軍は、両陣の中間を流れる夜討川《ようちかわ》を挟んで合戦となったのである。「夜討川の合戦」或いは「郡山合戦」と呼ばれている。この戦いで伊東肥前は政宗の身代りとなって討死したといわれ、元禄三年（一六九〇）仙台藩主伊達綱村の命により戦場の一角に肥前の碑が建てられた。現在は富久山町久保田の、かつて政宗の本陣があった日吉神社境内に移されている。

この二度の合戦で雌雄を決することができなかった伊達・葦名の両氏は、天正十七年六月磐梯山麓磨上原で激突した。伊達軍二万三〇〇〇人、葦名・佐竹軍一万六〇〇〇人といわれたが戦いは伊達氏の勝利となり、福島県の大半は伊達氏の領地となり、長く戦乱が続いた戦国の世もようやく終った。

天正十八年（一五九〇）豊臣秀吉の天下統一後、秀吉の「奥州仕置」により、広大な政宗の領地のうち、本領の伊達・信夫・長井と刈田・安達・田村の地を除いてすべて没収され、会津・白河・石川・岩瀬・安積の各郡が蒲生氏郷に与えられた。氏郷は文禄三年（一五九四）領内の検地を行うが、この文禄の検地高が明治維新まで各村々の石高となった。この時安積郡七八か村の村高は六万六六三一石であった。

慶長六年（一六〇一）蒲生氏が家中騒動により宇都宮に移封となると、越後の上杉景勝が一二〇万石で若松城主となるが、関ヶ原の戦後に米沢に移封となり、再び蒲生氏が会津領を領有した。寛永四年（一六二七）蒲生氏に代り、会津に伊予松山から加藤嘉明が四〇万石で入封する。寛永二十年（一六四三）加藤氏が家臣との騒動により会津領が没収されると、最上から保科正之が会津二三万石で入封した。この時従来の会津領から、安達・安積・湖南地方五か村（浜路・横沢・舟津・館・安佐野）を割いて、白河城主で二本松への移封が命ぜられていた丹羽光重に与えられ、寛永二十年丹羽氏二本松藩一〇万七〇〇〇石が成立した。

この時の二本松藩領は、安達・安積両郡合わせて一一〇か村であったが、二本松藩は一〇か村前後の村を一組として十組に分け、それぞれに代官を置き、代官の下に名主・組頭・長百姓のいわゆる「地方三役」と呼ばれる村役人を置いてその地域を治めた。安積地方は、郡山組（郡山町・小原田・日出山・荒井・笹川・横塚・久保田・福原・八山田・日和田・高倉・梅沢・八丁目村一三村）、大槻組（大槻・多田野・山口・大谷・駒屋・八幡・富岡・下守屋・鍋山・野田新田・川田・成田村・浜路・横沢・館・赤津・安佐野の一七村）、片平組（上伊豆嶋・下伊豆嶋・夏出・河内・片平・長橋・前田沢・早稲原・堀之内・富田・安子嶋村の一一村）の三組となり、三組の代官所は郡山村に置かれた。駅前一丁目に「陣屋」と呼ぶ所が代官所跡である。また農民から納められた年貢米を入れる蔵も建てられた。今も「蔵場」という地名が残っている。

守山藩領となる守山・岩作・大供・金沢・山中・正直・御代田・徳定・大善寺・金屋・小川・上行合・下行合・手代木・横川・大平・蒲倉・荒井・白岩・下白岩・安原・阿久津・南小泉・北小泉・上舞木・下舞木・山田・根小屋・木村・芹沢・三城目の三一か村は、加藤家改易の後一旦幕府領となるが、元禄十三年（一七〇〇）松平頼貞に与えられ、守山藩二万石が成立した。頼貞の父頼元は、水戸家藩祖頼房の第四子で、光圀の異母弟であった。守山藩は定府制（江戸居住）の藩で、藩主以下家臣たちも江戸に居住し、藩政は江戸で行われた。守山には守山陣屋が置かれ、郡奉行《こおりぶぎょう》・代官所・郡方《こおりがた》の藩士と領民から登用された押《おし》、新組《しんくみ》・足軽・横目・駒役など地方役人がいた。

柳橋・中津川・谷田川・栃本・糠塚・栃山神・田母神・川曲・上道渡・下道渡の一〇か村は棚倉藩領であったが、寛永四年丹羽長重が棚倉から白河藩へ移封された時、白河藩に編入された。寛保元年（一七四一）田母神・糠塚を除く八か村は越後高田藩領に編入されるが、文政三年（一八二〇）再び幕府領となり明治維新を迎える。田母神・糠塚の二か村は寛保元年幕府領となるが、田母神村は延享四年（一七四七）常陸笠間藩領となり、明治維新を迎えた。

明治に入ると、新しい地方行政組織として、県の下に区制が布かれ、大区・小区制がとられたが、明治二十一年（一八八八）行政基盤の強化を図るため「町村制」が施行され、合併が促進された結果、安積郡は、郡山村が同時に郡山町となったため、一町二四村になった（現在の郡山市域では田村郡の六村が加わるため一町三〇村となる）。

大正十三年（一九二四）九月一日には郡山町は小原田村と合併して市制が施行され、人口二万九〇〇三人の郡山市が誕生した。この時市は、市制施行を記念して、大阪中之島公会堂を模した公会堂を麓山公園内に建築した。

太平洋戦争後の昭和二十八年には、行政の効率化・適正化を図るため「町村合併促進法」が施行され、さらに合併が進み、現在の郡山市域は、一市五町七村になった。

さらに昭和三十五年には、地方経済圏の確立を図るため「新産業都市建設促進法」が施行されると、郡山市を中心として須賀川市・安達郡・田村郡・岩瀬郡の一部を含めた二市八町九村で「新産業都市建設促進協議会」が結成され、活発な運動を展開した結果、昭和三十九年二月「常磐・郡山地区新産業都市」の指定を受けた。

その後国の「基幹都市構想」に基づき、郡山市と安積一〇か町村が合併協議会を結成し、新都市づくりをめざして協議した結果、昭和四十年に一市五町七村が合併し、人口二三万人余の大郡山市が誕生した。

これを図化したのが次表だが、この本では史蹟の所在・発生の経緯を明らかにするため、旧町村名を使用しているので参考にして頂きたい。

〈付記〉

本書では古代の時代区分は次のとおりです。

旧石器時代　縄文時代の前の時代
縄文時代　草創期一万二〇〇〇～九〇〇〇年前
　　　　　早期　九〇〇〇～六〇〇〇年前
　　　　　前期　六〇〇〇～五〇〇〇年前
　　　　　中期　五〇〇〇～四〇〇〇年前
　　　　　後期　四〇〇〇～三〇〇〇年前
　　　　　晩期　三〇〇〇～二三〇〇年前
　　　　　　　　（西暦前三〇〇年）
弥生時代　西暦前　三〇〇年～西暦三〇〇年
古墳時代　西暦　三〇〇年～　〃　六〇〇年

なお縄文時代の各期は、一〇〇〇年以上の年代差があるので、前葉・中葉・後葉と区分することもあります。

安積郡町村から郡山市への歩み

文禄三年の邑鑑による村名			
川田村	明九・六合併 豊田村	明12・2分村 川田村	明二二・四合併
成田村		成田村	
荒井村	明九・六合併	明12・2分村 荒井村	明二二・四合併
笹川村		笹川村	
笹原村		笹原村	
日出山村	永盛村	日出山村	永盛村
小原田村		小原田村	
横塚村	明九・六合併 横塚村	明二二・二分村 合併	大一三・九合併 郡山市 市制施行
郡山村	郡山村 桑野村	明九・四新村 郡山村・小原田村・大槻村・富田村の一部が合併	
大槻村			昭一五・四町制 大槻町 昭二九・二合併 昭三〇・一二合併
富田村			
下伊豆村	明九・六合併 喜久田村	明22・2分村 下伊豆村	明二三・四合併 喜久田村
堀之内村		堀之内村	
早稲原村		早稲沢村	
前田沢村		前田沢村	

(右側: 昭一八・一〇 町制施行 安積町 昭二九・一二合併 昭四〇・五合併)

(左側: 昭四〇・五合併)

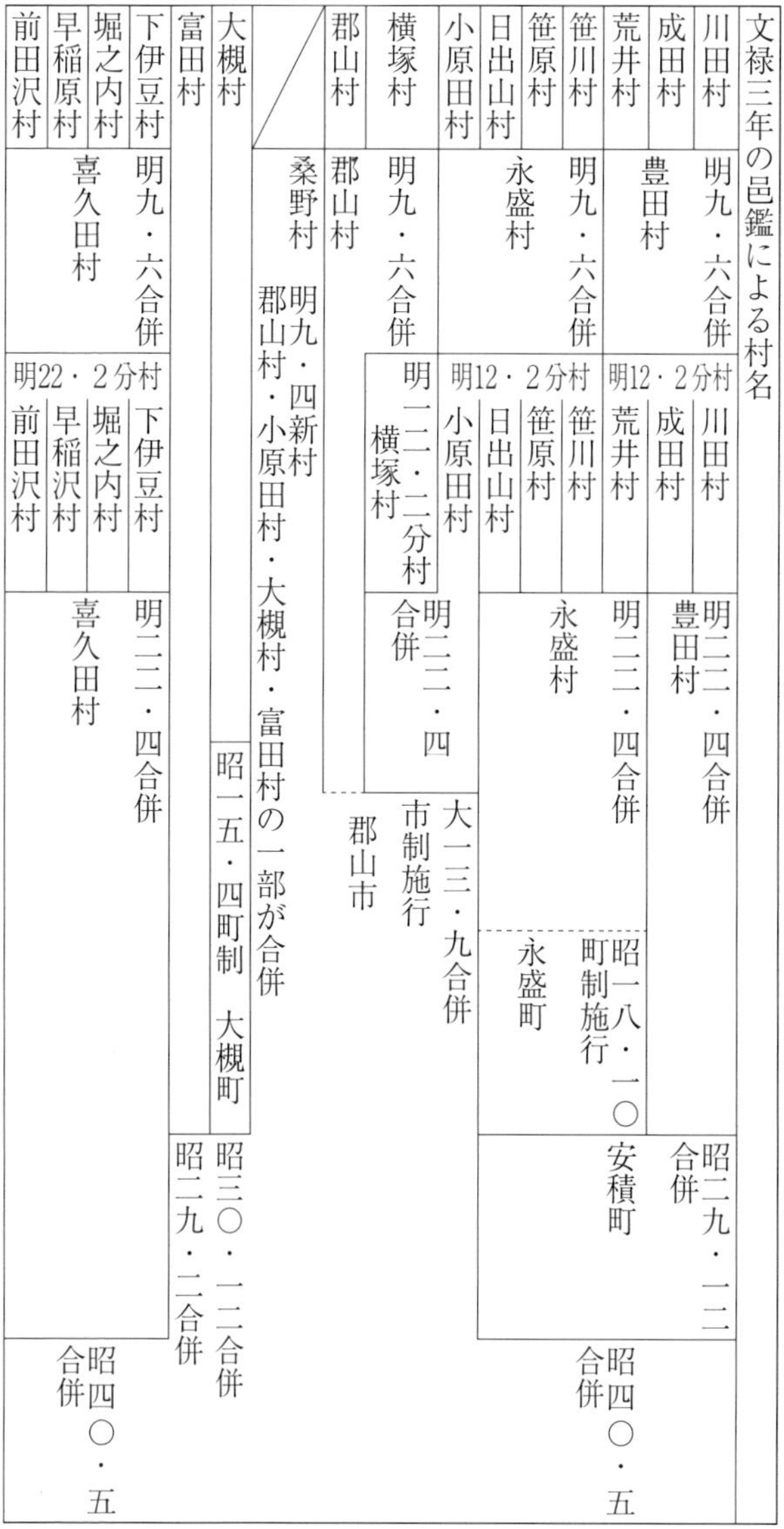

- 八丁目村・梅沢村・高倉村・日和田村
  - 明九・六合併 → 山野井村
  - 明22・2分村 → 八丁目村・梅沢村・高倉村・日和田村
  - 明二二・四合併 → 山野井村
  - 大一四・四町制施行 町名変更 → 日和田町
  - 昭四〇・五合併

- 八山田村・福原村・久保田村
  - 明九・七合併 → 富久山村
  - 明22・2分村 → 八山田村・福原村・久保田村
  - 明二二・四合併 → 富久山村
  - 昭三・四町制施行 → 富久山町
  - 昭四〇・五合併

- 南小泉村・北小泉村・白岩村・下白岩村・山田村・横川村・安原村・阿久津村・上舞木村・下舞木村・根木屋村・芹沢村
  - 明二二・四合併 → 岩江村
    - 明二七・九分村合併 → 小泉村（堂坂を含む）
      - 昭二九・三合併
    - 昭三〇・四合併

- 丹伊田村・土棚村・高柴村
  - 明二二・四合併 → 高野村
  - 昭三〇・四合併 → 西田村
  - 昭四〇・四合併

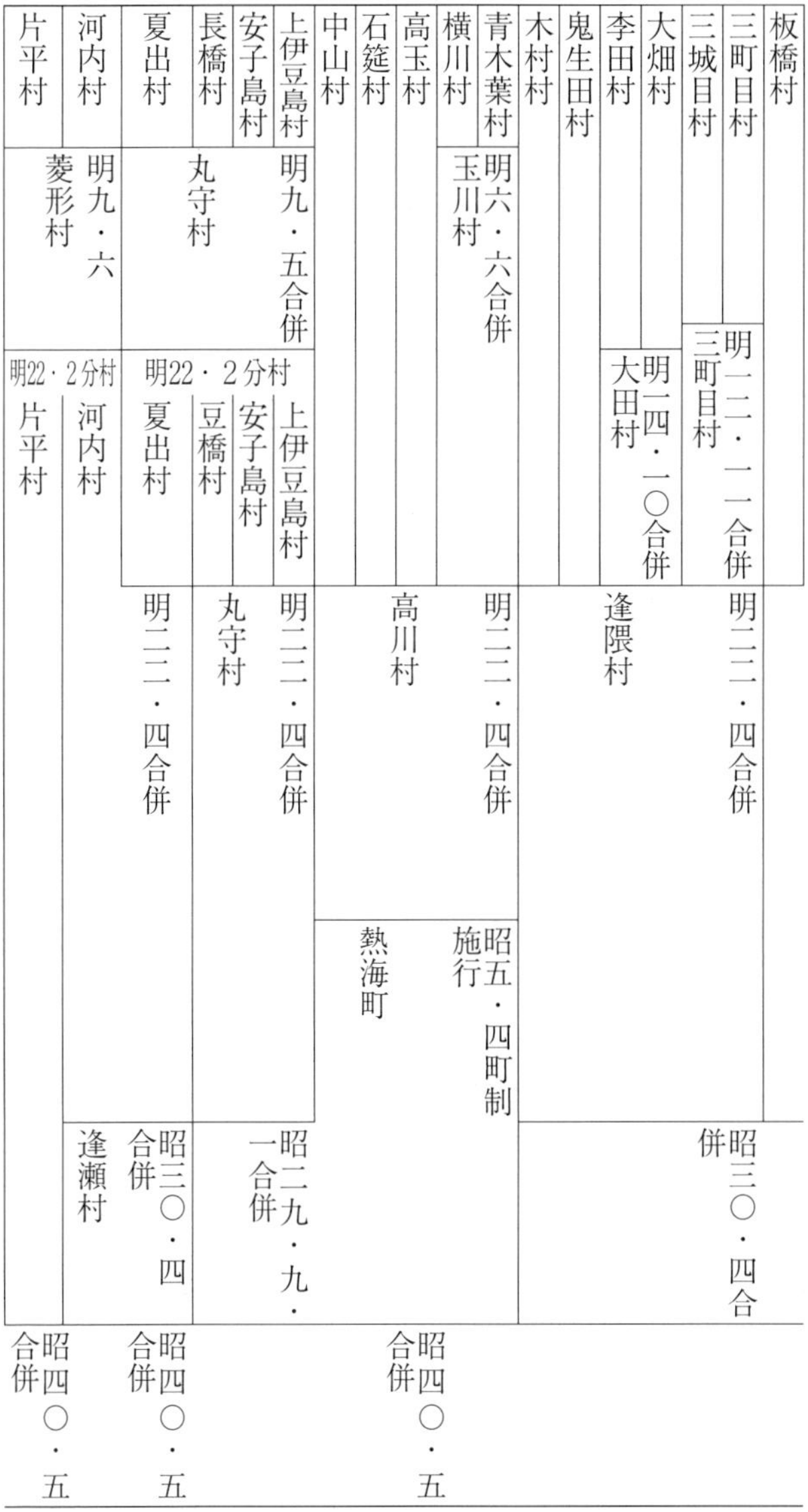
板橋村
三町目村
三城目村
大畑村
李田村
鬼生田村
木村村
青木葉村
横川村
高玉村
石筵村
中山村
上伊豆島村
安子島村
長橋村
夏出村
河内村
片平村
明一二・一一合併 三町目村
明一四・一〇合併 大田村
明六・六合併 玉川村
明九・五合併 丸守村
明九・六 菱形村
明22・2分村
上伊豆島村
安子島村
豆橋村
夏出村
明22・2分村
河内村
片平村
明二二・四合併
逢隈村
明二二・四合併
高川村
明二二・四合併
丸守村
明二二・四合併
昭五・四町制施行 熱海町
昭三〇・四合併
昭二九・九・一合併
昭三〇・四合併 逢瀬村
昭四〇・五合併
昭四〇・五合併
昭四〇・五合併

村	明治六〜九年合併	明治一七・二二年分村	明治二二年合併	明治三五年分村	昭和三〇年合併	昭和四〇年合併
多田野村	明九・六合併 山野辺村	明22・2分村 多田野村			昭三〇・一〇合併 逢瀬村	
山口村		山口村	明二二・四合併 穂積村		昭三〇・三・三一合併 三穂田村	昭四〇・五合併
大谷村		大谷村				
駒屋村	明九・六合併 穂積村	明22・2分村 駒屋村				
野田新田村		野田村				
八幡村		八幡村				
鍋山村		鍋山村	明二二・四合併 三和村		昭三〇・三・一〇合併	
下守屋村	明六・六合併 稲津村	明22・2分村 下守屋村				
富田村		富岡村				
舟津村			明二二・四合併 月形村		昭三〇・三・三一合併 湖南町	昭四〇・五合併
舘村						
横沢村	明八・八合併 横浜村	明17・9分村 横沢村				
浜路村		浜路村				
中地村	明八・八合併 中野村		明二二・四合併 箕輪村	明35・8分村 中野村	昭三〇・三・三一合併	
安佐野村						
三代村				三代村	昭三〇・三・三一合併	
浜坪村	明八・八合併 福良村		明二二・四合併			
福良村						
馬入新田村						

赤津村			昭三〇・三・一合併	
大平村	明二二・四・一合併 高瀬村		昭三〇・一・一合併	昭四〇・五・一合併
下行合村	〃		〃	〃
上行合村	〃		〃	〃
金屋村	〃		〃	〃
小川村	〃		〃	〃
手代木村	〃		〃	〃
守山村	明二二・四・一合併 守山村	明四一・三・一二町制施行 守山町	昭三〇・一・一合併 田村町	〃
山中村	〃	〃	〃	〃
大供村	〃	〃	〃	〃
岩作村	〃	〃	〃	〃
大善寺村	〃	〃	〃	〃
御代田村	〃	〃	〃	〃
正直村	〃	〃	〃	〃
徳定村	〃	〃	〃	〃
金沢村	〃	〃	〃	〃
細田村	〃	〃	〃	〃
谷田川村		明二六・一一分村合併 谷田川村	昭三〇・一・一合併	〃
上道渡村		〃	〃	〃
下道渡村		〃	〃	〃

栃本村	二瀬村 明二二・四・一合併	昭三〇・三・三一合併	中田村 昭四〇・五・一合併
栃山神村			
川曲村			
田母神村			
糠塚村			
赤沼村	宮城村 明二二・四・一合併	昭三一・九・一合併	
高倉村			
上石村			
海老根村			
下枝村	御舘村 明二二・四・一合併	昭三一・九・一合併	
柳橋村			
黒木村			
駒板村			
木目沢村			
牛縊本郷村			
中津川村			
荒井村	田村郡中妻村に明二二・四・一合併	昭三〇・一・一郡山市に分村合併	
蒲倉村			

写真提供

郡山市歴史資料館
『郡山市史　第一巻』（一九八一年）
『郡山市史　第三巻』（一九八一年）
『郡山市史　第八巻』（一九八一年）

郡山市教育委員会
『ふくしまの遺跡』（福島県考古学会・二〇〇五年）
『図説　田村・郡山の歴史』（郷土出版社・二〇〇〇年）
『郡山の歴史』（昭和五十九年）
『郡山の歴史』（平成十六年）
『郡山の歴史』（平成二十六年）

福島県教育委員会
『福島県の中世城館跡』（一九八八年）

その他にも各寺院、神社、団体、保存会など多くの方々のご協力のもと、写真・図版を掲載させていただいております。ご提供ありがとうございました。

著者略歴

高橋　貞夫（たかはし　さだお）

昭和９年　茨城県稲敷郡美浦村に生まれる。
昭和33年　早稲田大学法学部卒業。福島県に勤務し、県立医科大学事務局長、出納局長を勤める。
著　　書『阿武隈の歳時記』（歴史春秋社）
『ふくしま海の歳時記』（歴史春秋社）
『あいづ祭り歳時記』（歴史春秋社）本書により福島民報出版文化賞を受賞する。
『阿武隈川の風景』（歴史春秋社）
『福島の美しい風景』（歴史春秋社）
『信夫の史蹟めぐり』（歴史春秋社）
『福島の原風景を歩く』（歴史春秋社）
『伊達の史蹟めぐり』（歴史春秋社）
『安達の史蹟めぐり』（歴史春秋社）
『田村の史蹟めぐり』（歴史春秋社）

住　　所　福島市渡利字扇田町71番地の１

安積の史蹟めぐり

2018年10月17日初版第１刷発行

著　　者　高 橋 貞 夫

発 行 者　阿 部 隆 一
発 行 所　歴史春秋出版株式会社
〒965-0842　福島県会津若松市門田町中野
電　話（0242）26-6567
ＦＡＸ（0242）27-8110
http://www.rekishun.jp/
e-mail　rekishun@knpgateway.co.jp

印　　刷　北日本印刷株式会社